BEVERIDGE REPORT
Social Insurance and Allied Services

———

베버리지 보고서

윌리엄 베버리지 William Beveridge, 1879~1963

1879년 영국령 인도의 랑푸르(오늘날 방글라데시)에서 태어났다. 옥스퍼드대학교에서 수학과 고전학을 배웠으며, 나중에 법학을 공부했다. 변호사가 된 후 런던의 자선단체에서 활동하며 빈곤 퇴치에 관심을 갖게 되었다. 저명한 사회주의자 비어트리스 웹의 소개로 정부에서 실업 문제를 해결할 국민보험 실행 관련 업무를 맡았으며, 1919년에는 그녀의 초청으로 런던정경대학(LSE) 총장이 되어 18년 동안 대학 행정을 이끌었다. 1933년에는 학문원조위원회(AAC)를 결성해 나치 독일에서 해직된 교수를 돕는 활동을 주도했으며, 1937년 옥스퍼드대학교 유니버시티칼리지 학장을 맡았다. 1941년 다시 공직으로 돌아가 사회보험과 관련 서비스에 관한 부처 합동위원회의 책임을 맡았으며, 1942년 12월에 국민최저선, 보편주의 원칙, 완전고용, 사회보장 계획을 강조한『베버리지 보고서』(원명『사회보험과 관련 서비스』)를 출간했다. 1944년 하원의원 보궐선거에서 영국 북부 노섬브런드 지역의 자유당 후보로 출마해 당선되었다. 1945년 총선에서는 낙선했으나『베버리지 보고서』에 실린 그의 제안은 클레멘트 애틀리의 노동당 정부에서 전면적으로 실행되었고, 이는 현대 복지국가의 토대가 되었다. 1946년에는 자유당 소속 상원의원이 되었고, 이후 상원의 자유당 대표로 활동했다. 1963년 노섬브런드에서 별세했다.

주요 저서로『실업: 산업의 문제』(1909),『사회주의의 계획』(1936),『12세기에서 19세기까지 영국의 가격과 임금』(1939),『사회보험과 관련 서비스』(『베버리지 보고서』)(1942),『보장의 기둥』(1943),『자유 사회의 완전고용』(1944),『내가 자유주의자인 이유』(1945),『자발적 행동』(1948),『권력과 영향』(1953),『학문의 자유에 대한 옹호』(1959) 등을 출간했다. 그의 이름을 딴『베버리지 보고서』는 전 세계적으로 '복지국가의 청사진'이라는 평가를 받고 있다.

베버리지 보고서

요람에서 무덤까지, 현대 복지국가의 탄생

BEVERIDGE
REPORT

Social Insurance and Allied Services

윌리엄 베버리지

김윤태 엮음 | 김윤태·이혜경·장우혁 옮김

사회평론아카데미

"영국 사회 변화의 방향에 심오하고 즉각적인 영향을 미쳐야만 하는 중대한 문서."

— 『타임스』

"거대하고 훌륭한 문서."

— 『맨체스터 가디언』

"데이비드 로이드 조지가 시작한 혁명의 완성."

— 『데일리 텔레그래프』

"누군가 의회의 법률에 기독교적 윤리의 정신을 포함하려고 시도한 최초의 문서."

— 윌리엄 템플. 캔터베리 대주교

"윌리엄 베버리지는 자유주의자였다. 그는 모든 시민에게 권리로서 특정한 사회적 지위를 보장하는 자유로운 사회를 설계했다."
— 랄프 다렌도르프. 전 런던정경대학(LSE) 총장(1974~1984), 영국 상원의원(자유민주당)

"티트머스, 베버리지, 마셜, 애틀리와 함께 런던정경대학은 복지국가를 위한 로켓 발사대였다."
— 앤서니 기든스. 전 런던정경대학 총장(1997~2003), 영국 상원의원(노동당)

"베버리지는 '요람에서 무덤까지' 시민의 욕구를 충족하는 복지국가를 설계한 첫 번째 종합적 청사진을 제시했다."

— 미노슈 샤피크. 런던정경대학 총장(2017~), 전 영국은행 부총재

"전후 영국의 복지국가 건설에는 베버리지와 케인스, 두 사람의 기여가 컸다."

— 이정우. 경북대학교 경제통상학부 명예교수

"고대하던 영국 복지국가의 바이블, 그 웅혼한 이념과 헌걸찬 정책의 정수를 발간 80주년을 맞아 직접 맛볼 수 있게 해준 번역자 세 분에게 매우 감사드린다. 더 나은 세상을 꿈꾸는 누구나 이 책을 통해 복지한국의 담대한 상상력을 드높이길 기대해본다."

— 이창곤. 『한겨레』 선임기자 겸 논설위원, 전 한겨레경제사회연구원장

"전쟁의 포화 속에서 절망의 역사를 희망의 역사로 바꾼 20세기 최고의 명저, 베버리지 보고서. 비록 총성은 없다지만 오늘도 민생의 현장을 덮치고 있는 불평등과 절망의 포화들에 휩싸인 21세기 대한민국에도 새로운 복지국가를 위한 한 권의 '한국판 베버리지 보고서'를 갈망해본다."

— 이태수. 한국보건사회연구원 원장

복지국가의 위대한 사상을 찾아서

『베버리지 보고서(Beveridge Report)』는 영국 복지국가의 청사진으로 알려진 역사적 문서이다. 정식 명칭이 '사회보험과 관련 서비스(Social Insurance and Allied Services)'인 이 보고서는 1942년 2차 세계대전의 참화와 포성 속에서 탄생했으며, 전후 영국뿐 아니라 유럽과 전 세계 복지국가에 커다란 영향을 미쳤다. 『베버리지 보고서』가 제시한 보편주의 원칙과 '국민최저선', 아동수당, 국민보험은 오늘날 복지국가를 구현하는 가장 중요한 가치와 제도의 토대를 이루고 있다. 이런 점에서 『베버리지 보고서』는 과거 속으로 사라진 종이 뭉치가 아니라 지금도 생생하게 살아 있는 글이다. 또한 학문적 가치뿐 아니라 현재까지도 보통 사람의 삶에 영향을 미치는 실천적 가치를 지니고 있다.

『베버리지 보고서』를 작성한 윌리엄 헨리 베버리지(William Henry Beveridge, 1879~1963)는 사회학적으로 보면 19세기 후반 영국의 전형적인 중상계급 지식인이다. 베버리지는 자신이 출신 계급과 다른 강한 도덕적 신념을 가진 사람이었다. 그는 급속한 산업화 시기 영국의 가장 큰 사회문제인 빈곤과 불평등을 줄이기 위한 역사적 과제와 씨름한 실천가였다. 베버리지는 1879년 영국령 인도의 랑푸르(현재의 방글라데시)에서 고위 공무원과 판사를 지낸 아버지와 학자이자 교육 사업가였던 어머니 사이에서 장남으로 태어났다. 그 후 잉글랜드 서리(Surrey)에 있는 사립학교인 차터하우스스쿨(Charterhouse School)과 옥스퍼드 대학교 베일리얼칼리지(Balliol College)를 졸업했다. 어머니는 지역사회 활동에 적극적이었으며, 아버지는 프랑스 사회학자 오귀스트 콩트(Auguste Comte)의 실증주의와 인간주의 철학의 신봉자였는데, 이런 관심은 그에게 큰 영향을 미쳤다.

베버리지는 옥스퍼드대학교에서 수학과 고전문학을 배웠으며, 나중에 법학을 공부했다. 변호사가 된 베버리지는 런던의 토인비홀(Toynbee Hall)이라는 자선단체에서 활동하며 빈곤 문제에 관심을 가졌으며, 사회주의자였던 시드니 웹(Sidney Webb)과 비어트리스 웹(Beatrice Webb) 부부와 가깝게 지냈다. 비어트리스 웹의 소개로 당시 자유당 소속 산업부 장관이었던 윈스턴 처칠(Winston Churchill)을 만난 베버리지는 실업을 해결하는 국민보험을 실행하기 위한 업무를 담당했다. 1차 세계대전 이후에는 식량을 담당하는 정부 부처 고위직 공무원을 지냈다. 1919년 베버리지는 공직을 떠나 비어트리스 웹의 초청으로 런던정경대학(LSE) 총장이 되었다. 그는 사회주의자는 아니었지만, 대학에 있는 동안 열렬한 사회개혁가인 비어트리스 웹의 영향을 많이 받았다.

베버리지의 생애에서 런던정경대학은 매우 중요한 의미를 가진다. 런던정경대학은 1895년 페이비언협회(Fabian Society) 사회주의자들이 주도적으로 세운 대학이다. 페이비언협회는 1884년 영국에서 시드니 웹, 비어트리스 웹, 조지 버나드 쇼(George Bernard Shaw), 허버트 조지 웰스(Herbert George Wells) 등 당대의 저명한 지식인들이 주도적으로 만든 단체로, 노동조합과 함께 노동당을 창당한 후 사회주의 국가의 공무원을 양성하는 기관으로 대학을 설립했다. 하지만 런던정경대학에는 라이어널 로빈스(Lionel Robbins) 같은 자유주의 경제학자들도 있었으며, 로빈스의 초청으로 훗날 신자유주의 사상의 태두로 알려진 오스트리아 출신의 젊은 학자 프리드리히 폰 하이에크(Friedrich von Hayek)가 경제학 교수로 부임했다. 한편 철학의 칼 포퍼(Karl Popper), 인류학의 브로니슬라브 말리노프스키(Bronislaw Malinowski), 사회학의 카를 만하임(Karl Mannheim) 등 유럽에서 건너온 지식인들의 안식처가 되기도 했다. 특히 사회학과의 레너드 트렐로니 홉하우스(Leonard Trelawny Hobhouse)와 토머스 험프리 마셜(Thomas Humphrey Marshall)은 사회적 자유주의(social liberalism) 관점에서 적극적으로 자유주의와 사회개혁 사상을 결합하기 위해 노력했다. 베버리지는 격동기의 런던정경대학을 이끌며 다양한 정치사상을 접하고 정치인들과 교류하며 영국 사회와 미래의 진보라는 자신만의 생각을 가다듬었다.

18년 만에 런던정경대학을 떠난 베버리지는 1937년 옥스퍼드대학교 유니버시티칼리지 학장을 맡았지만, 3년 후 다시 공직으로 돌아갔다. 전쟁 시기에 노동당 출신 국회의원으로 거국내각의 노동부 장관이었던 어니스트 베빈(Ernest Bevin)은 베버리지에게 복지 업무를 부탁했으나, 그는 이를 거절한 대신 노동부의 인력 업무를 맡았다. 1941년 보건부 장관 어니스트 브라운(Ernest Brown)은 사회보험과 관련 서비스에 관한 부처 합동위원회를 구성했는데, 베버리지는 베빈의 추천을 받왔다. 초기에 베버리지는 그가 맡은 일이 중요하지 않다고 생각해 소극적으로 일을 시작했다. 그 당시에는 1942년 12월 1일 출간(영국 의회 제출일은 11월 24일)한 보고서가 얼마나 역사적인 문서가 될지 알 수 없었던 것이다. 하지만 베버리지는 자신이 맡은 일을 묵묵히 수행했으며, 그가 작성한『베버리지 보고서』는 출간된 이후 전후 복지국가를 위한 역사적 이정표로 널리 인정을 받기 시작했다.

영국 런던정경대학의 도서관은 국립도서관인데, 여기에는 아직도 베버리지가 위원장으로 서명한『사회보험과 관련 서비스』의 원문이 보관되어 있다. 베버리지가 작성한 다른 문서와 글도 도서관 아카이브로 보관되어 있다. 1942년에 출간된『베버리지 보고서』는 단지 역사 속의 문서가 아니다. 베버리지 스스로 '영국식 혁명(a British Revolution)'이라고 표현한 베버리지의 '사회보장을 위한 계획'은 영국 복지제도의 방향을 바꾸었을 뿐 아니라 전후 전 세계적으로 복지국가의 발전에 결정적 영향을 미쳤다.『베버리지 보고서』는 전쟁 중 영국인들에게 새로운 희망과 비전을 제시했을 뿐 아니라 전쟁에서 반드시 이겨야 하는 이유와 인류의 궁극적 이상에 대한 웅대한 포부를 밝히고 있다. 지금도『베버리지 보고서』에서 제시한 '국민최저선', '사회보장', '보편주의 원칙'은 복지국가의 가장 중요한 개념으로 간주된다. 오늘날까지 '복지국가' 하면 맨 먼저 떠올리는 사람이 베버리지인 가장 큰 이유는 바로『베버리지 보고서』덕분이다. 이런 점에서 베버리지는 영국뿐 아니라 인류사에 불멸의 업적을 남겼다.

한국에서도『베버리지 보고서』는 대학 강의와 언론 기사에서 셀 수 없이 인용되었지만, 보통 사람들이 읽을 기회는 거의 없었다. 1942년 처음 출간될 당시『베버리지 보고서』를 구매하기 위해 줄을 서서 기다

리던 영국 국민의 열광과 달리, 한국에서는 이 보고서를 직접 접할 수 있는 사람이 많지 않았다. 1998년 김대중 정부가 등장한 후 한국의 복지국가가 본격적으로 태동했지만, 『베버리지 보고서』는 제대로 소개되거나 평가를 받지 못했다. 일부 선각적인 학자와 전문가들이 『베버리지 보고서』를 인용하거나 우리 실정에 맞는 '한국판 베버리지 보고서'를 말했지만 여전히 일반 독자들에게 제대로 알려지지 않았다. 지금은 구글에서 쉽사리 『베버리지 보고서』 영어 원문을 파일로 찾아볼 수 있지만, 여전히 누구나 읽을 수 있는 것은 아니다.

이런 상황에서 우리는 『베버리지 보고서』를 번역함으로써 한국 사회에서 복지국가에 대한 논의에 도움이 되고자 노력했다. 나아가 한국의 학자들과 정책 결정자, 활동가들이 이 번역본을 발판 삼아 지혜와 힘을 모아 디지털 자본주의 시대에 적합한 '베버리지 2.0' 또는 한국의 현실에 적합한 '한국판 베버리지 보고서'를 만드는 노력을 기울일 수 있기를 기대해본다. 우리는 정치사회학과 사회정책을 연구하는 학자로서 복지국가가 얼마나 사람들의 사회적 삶을 바꾸고 현대 정치의 중심적 주제가 되었는지 잘 인식하고 있다. 이런 점에서 『베버리지 보고서』는 단지 사회보험 개혁을 위한 정부 권고안을 뛰어넘어 인간 사회가 지향해야 할 이상과 가치를 표현하고, 사회제도의 새로운 방향을 제시한 사회학적 통찰력을 담고 있는 저작이라고 할 수 있다.

이 책은 『베버리지 보고서』 가운데 핵심을 소개하는 데 역점을 두고, 현재 시점에서 볼 때 한국 사회에 유용한 내용을 선별해 번역했다. 원서 300쪽 중 172쪽까지 실린 본문 461항 가운데 시의성이 적거나 지나치게 세부적 묘사로 정보의 유용성이 없다고 판단한 내용은 독자의 가독성을 위해 제외했다. 121쪽 분량에 달하는 부록 원고의 세부 자료와 표 자료 또한 번역을 생략했으나 본문의 주요 부분은 빠짐없이 번역했기에 복지국가의 역사와 사상에 관심 있는 대학의 학생들과 다양한 일반 독자들이 이해하기에 충분하다고 판단된다. 만약 전문 연구자들이 역사적 사료로서 가치 있는 보고서 전체를 살펴보고자 한다면 영국 도서관이 무료로 공개하고 있는 원문 자료를 활용할 수 있을 것이다.

이 책에는 『베버리지 보고서』의 역사적 이해와 평가를 돕기 위해서 세 편의 논문을 보론으로 게재했다. 이정우는 경제학자의 관점에서 윌리엄 베버리지의 복지 사상에 관한 글을 게재한다. 김윤태는 사회학자의 관점으로 『베버리지 보고서』의 사회개혁과 역사적 의의를 평가한다. 윤홍식은 사회복지학자로 한국 사회보장제도의 현황을 검토하고 주요 문제점을 평가하면서 향후 주요 과제를 제시한다. 이 세 편의 글은 지금도 『베버리지 보고서』가 한국 사회에서 중요한 의미를 지니고 있으며, 보편적 사회보장제도의 강화가 사회개혁의 중요한 목표가 되어야 함을 강조한다.

『베버리지 보고서』의 번역 작업에는 김윤태, 이혜경, 장우혁 등 세 명이 참여했지만, 전체 원고는 김윤태가 확인하고 필요 시 문장을 수정하고 보완했다. 초고를 읽고 정확한 번역과 적절한 용어 선택 등 상세한 도움을 준 장우혁 박사에게 커다란 감사의 마음을 전한다. 이 책을 번역하고 편집하는 과정에 도움을 준 고려대학교 대학원 사회복지학과 양영재 연구조교에게 감사드린다. 이 책을 훌륭하게 편집하고 출간한 ㈜사회평론아카데미 출판사에도 깊은 감사의 인사를 드린다. 더불어 이 책은 2022년 고려대학교 공공정책대학 교내지원연구비의 도움을 받았는데, 관련자 분들께도 감사드린다.

2022년은 『베버리지 보고서』가 출간된 지 80주년이 되는 해이다.

베버리지의 혁명적 문서가 오랜 세월이 흘러서야 한국에 소개되는 것이지만, 여전히 한국 독자들에게 중요한 통찰력과 영감을 줄 것으로 기대한다. "평화 시기에나 전쟁 시기에 정부의 목적이 통치자 또는 종족의 영광이 아니라 보통 사람들의 행복"이라는 베버리지의 말은 지금도 깊은 울림을 준다. 오늘날 지구화와 디지털 자본주의가 우리 사회를 새로운 혁명적 격랑 속으로 이끌고 있지만, 여전히 사회제도와 정치의 이상은 궁극적으로 사람들의 삶의 질과 복지의 개선을 추구해야 한다. 이런 점에서 『베버리지 보고서』는 시간과 공간을 넘어 여전히 우리에게 중요한 의미를 가질 것이다.

옮긴이를 대표해서
김윤태 씀

차례

SOCIAL INSURANCE
AND ALLIED SERVICES

Report by
SIR WILLIAM BEVERIDGE

Presented to Parliament by Command of His Majesty
November 1942

LONDON
PUBLISHED BY HIS MAJESTY'S STATIONERY OFFICE
To be purchased directly from H.M. STATIONERY OFFICE at the following addresses
York House, Kingsway, London, W.C.2 ; 120, George Street, Edinburgh 2 ;
30-41, King Street, Manchester 2 ; 1, St. Andrew's Crescent, Cardiff ;
80, Chichester Street, Belfast ;
or through any bookseller
1942
Price 2s. 0d. net

Cmd. 6404

사회보험과 관련 서비스

보고서
윌리엄 베버리지 경

국왕의 명령에 따라 의회에 제출합니다.

1942년 11월

런던

영국 정부 인쇄처

존경하는 윌리엄 조윗(William Jowitt)* 기사(K. C.),
하원의원(M. P.), 경리 총장(Paymaster General)에게

 1941년 6월 재건 문제와 관련해 아서 그린우드(Arthur Greenwood)** 전임 장관에 의해 구성된 '사회보험과 관련 서비스에 관한 부처 합동위원회'의 업무 보고서를 제출하게 되어 영광입니다. 보고서(40항)에 적은 이유대로 의장으로서 저는 혼자서 이 보고서를 작성했습니다.

이 보고서를 귀하에게 전달하면서, 위원회를 대표하여 체스터(D. N. Chester)*** 비서관의 노고에 진심 어린 감사의 인사를 드리는 바입니다. 유능하고 지칠 줄 모르는 그의 봉사와 우리 글에 대한 그의 정연한 일처리가 없었다면 이 보고서를 준비하는 일은 제대로 이루어지지 못했을 것입니다. 저는 이 기회에 제가 단독으로 책임을 지고 있는 이 보고서와 권고안을 작성하는 동안 위원회 업무와 관련된 방대한 문제들에 관해 자신들의 정보와 경험을 기꺼이 제가 활용할 수 있도록 도움을 준 위원회 동료들에게도 감사의 마음을 전합니다.

당신의 성실한 충복이 되는 명예를 지닌
W. H. 베버리지
의장

1942년 11월 20일

....

* 윌리엄 조윗은 1940년대 영국 하원의원으로 처칠 전시 내각(1940~1945)에서 각료를 역임했다. 처음에는 검찰총장을 역임했으며, 나중에 전후 부흥계획을 담당하는 업무를 맡았다. 경리총장과 무임소 장관을 역임했으며, 1944년 국민보험부 장관을 맡았다. 전후 클레멘트 애틀리(Clement Attlee) 노동당 정부의 사법부 수장인 대법관을 역임했다.

** 아서 그린우드는 1940년대 노동당 소속 하원의원으로 클레멘트 애틀리와 함께 2차 세계대전 당시 노동당의 최고 지도부 중 한 명이었다. 그는 처칠의 전시 내각에서 무임소 장관을 역임했으며, 전후 애틀리 노동당 정부에 옥새상서(Lord Privy Seal)와 경리총장 등 각료로 참여했다.

*** D. N. 체스터는 맨체스터시청에서 공무원으로 경력을 시작했으며, 맨체스터대학교에서 학사와 석사학위를 받았다. 1940년대 전시 내각에서 베버리지 밑에서 '사회보험과 관련 서비스에 관한 부처 합동위원회'의 보고서 작성을 지원하는 비서관으로 참여했다. 전쟁 직후에는 옥스퍼드대학교 너필드칼리지의 학장으로 오랫동안 재직했으며, 영국의 정치경제학자로서 정치학과 행정학 분야의 학계에서 활동했다.

1부

서론과 요약

1. 사회보험과 관련 서비스(Social Insurance and Allied Services)에 관한 부처 합동위원회는 1941년 6월 무임소 장관에 의해 임명되고, 재건 문제의 구상에 책임을 지고 있다. 위원회의 권한은 "특히 계획의 상호관련성을 참조하여, 노동자의 보상을 포함한 일체의 사회보험과 관련 서비스에 관한 기존 국가 기획에 대한 조사를 수행하고 권고안을 작성하는 것"이다. 위원회의 첫 번째 의무는 조사하는 것이고, 두 번째는 권고하는 것이다. 40항에 기재한 이유대로 권고의 의무는 나중에 위원회 의장의 책임으로 정했다.

2. 부처 합동위원회가 조사하기로 되어 있는 사회보험과 관련 서비스 체계들은 단편적으로 성장했다. 엘리자베스 시대부터 시작된 빈민법(Poor Law)*을 제외하면, 조사할 체계는 1897년 제정된 노동자재해보상법(Workmen's Compensation Act)을 시작으로 지난 45년 동안 만들어

졌다. 노동자재해보상법은 처음에는 제한된 수의 직업에만 적용되다가 1906년에 전체 직업으로 확대되었다. 의무 의료보험(compulsory health insurance)은 1912년에 시작되었다. 1912년에는 소수 산업 부문을 대상으로 실업보험이 개시되었고 1920년에는 전 산업 부문으로 확대되었다. 1908년에는 최초의 연금법(Pensions Act)이 통과되어, 70세부터 자산조사(means test)를 기반으로 비기여연금(non-contributory pensions)을 지급받게 되었다. 1925년에는 연금법 개정으로 노인, 과부, 고아를 위한 기여식 연금이 시작되었다. 실업보험은 그간 많은 문제를 일으키다가 1934년에 실업법(Unemployment Act)으로 전면 개정되었으며, 그와 동시에 새로운 실업부조(unemployment assistance)의 국민적 서비스가 마련되었다. 한편 왕립위원회(Royal Commission)가 1905년부터 1909년까지 철저한 조사를 시행한 끝에 새로운 실업 처우 방안이 도입되고, 빈곤 구제의 책임을 후견인위원회(Board of Guardians)에서 지역 당국으로 이전하는 등 빈곤 완화를 위한 지역 기구가 대대적으로 개편되었다. 특수한 유형의 장애(예컨대 시각장애인)를 대상으로 한 별도의 조항이 때때로 신설되었다. 서로 많은 충돌이 있었지만 이러한 사회보험의 성장과 함께 특히 병원을 비롯한 시설에서 이루어지는 의료 치료

....

* 빈민법은 1601년 엘리자베스 시대에 가난한 사람들을 구제하기 위해 만들어진 법으로, 빈민 구제를 교회의 교구가 아닌 국가의 책임으로 간주하고 빈민 구제를 담당하는 '빈민원(Poor House)'이라는 행정기관을 설립했다. 어린이는 무조건 구제하되 노동 능력이 있는 사람은 작업장에서 강제노동을 해야 했지만 외부의 빈민보다 열등한 처우를 받아야만 했다. 1795년 스핀햄랜드법(The Speenhamland Act)으로 개정되면서 최저생계비 이하 노동자들에게 임금을 보조했다. 1601년 빈민법은 국가가 실행한 최초의 공공부조제도로 평가받지만, 강제노동의 의무와 시민권의 박탈에 대해서는 부정적 비판을 받기도 했다.

가 발전했고, 취학 또는 미취학 아동을 대상으로 하는 전담 복지 서비스들이 발달했다. 또한 사망을 비롯한 불의의 사고에 대비하기 위해 피보험 계층 개인들을 중심으로 산재보험협회(Industrial Life Offices), 공제조합(Friendly Societies), 노동조합(Trade Unions)을 통한 임의보험(voluntary insurance)*이 크게 성장했다.

3. 이러한 모든 변화와 발전 과정에서 각각의 문제들은 연관성을 전혀 또는 거의 고려하지 않은 채 별도로 다루어졌다. 위원회의 첫 번째 임무는 사회보험과 관련 서비스 전 분야를 대상으로 포괄적인 조사를 최초로 시도하는 것이었다. 이를 통해 현재 어떤 조항이 존재하며, 다양한 욕구들을 충족하기 위해서는 기존 조항에 어떠한 변화가 필요한지를 밝히는 것이었다. 조사 결과들은 '부록 B'에, 현재 영국에서 시행되고 있는 사회보험과 관련 서비스들에 대한 기술과 함께 제시된다. '부록 B'가 보여주는 전체적인 묘사는 다음과 같은 두 가지 점에서 인상적이다. 첫째, 영국은 현대 산업사회에서 소득 중단을 비롯한 여러 원인에 의해 발생할 수 있는 다양한 욕구들과 관련하여 이미 상당한 규모의 혜택을 제공하고 있다. 규모 면에서 전 세계적으로 영국을 능가하는 나라는 없으며 견줄 수 있는 나라도 손에 꼽을 정도다. 다른 나라들의 성과와 비교할 때 영국은 제한적인 의료 서비스, 오직 한 가지 (그러나 가장 중요한) 점에서만 크게 뒤떨어지는 것으로 나타났다. 영국은 정당한 권리로서 제공받게 되는 치료의 범위뿐 아니라 서비스를 제공받는 사

....

* 'voluntary insurance'는 자발적으로 가입하는 개인보험인데, 이 책에서는 '임의보험'으로 번역했다.

람들의 계층도 매우 제한적이다. 노동자 보상 체계의 결함으로 인해 모성*과 장례를 위한 현금급여도 부족하게 지급되는 것으로 나타났다. 이를 제외하면 영국의 사회보장(social security)**은 적절한 금액을 포괄적으로 보장하며, 다른 나라들과 비교해보면 영국에 견줄 수 있는 나라는 거의 없는 것이 사실이다. 둘째, 현재 사회보험과 관련 서비스들은 상이한 원칙에 따르는 복잡하고 서로 단절된 행정 기관들에 의해 제공된다. 그러다 보니 귀중한 서비스를 제공하면서도 같은 문제를 두고 금전을 중복 지원하거나 갈등을 일으키고 서로 다르게 처리하는 등의 문제를 유발하고 있는데, 이는 어떤 말로도 정당화될 수 없다. 영국은 대체로 다른 어떤 국가보다 훌륭한 사회보장 체계를 구축해왔다. 하지만 그 안에는 여전히 심각한 결함들이 존재하며, 개선이 필요하다.

4. 따라서 의무보험(compulsory insurance)을 근로계약자와 급료가 특정 기준에 미치지 못하는 사무직 근로자로 제한하는 것은 심각한 결

....

*   모성(maternity)은 '어머니다움(motherhood)'이라는 의미를 가지며 일반적으로 어머니와 아이 관계의 질을 가리킨다. 이 문장에서는 원래 의미인 모성이라고 적지만, 이하 문장에서는 한국에서 오랫동안 사용한 용어인 '출산 보조금', '출산급여'라고 적는다. 최근에 '출산(fertility)'이라는 용어 대신에 '출생(birth)'이라는 단어를 사용하기도 하지만, 두 단어의 의미가 다른 점을 고려해 여기에서는 출산이라는 용어를 사용한다.

** 사회보장이라는 개념은 1935년 미국 프랭클린 루스벨트(Franklin D. Roosevelt) 행정부가 노후연금, 실업보험 등 소득보장을 위한 '사회보장법(Social Seurity Act)'을 제정한 후 공식적으로 널리 사용되었다. 복지국가(welfare state)라는 용어는 1941년 윌리엄 템플(William Temple) 주교가 나치 독일을 가리키는 전쟁 국가(warfare state)에 대비하는 용어로 처음 사용했다. 『베버리지 보고서』에는 복지국가라는 용어가 사용되지 않았고, 훗날에도 이 개념을 지지한 적이 없다. 그럼에도 불구하고 2차 세계대전 이후 영국과 전 세계적으로 복지국가의 개념이 널리 사용되었으며, 『베버리지 보고서』도 '사회보장을 위한 계획'이라기보다 '복지국가'의 청사진으로 많이 알려졌다.

함이다. 많은 자영업자가 피고용인보다 빈곤하며, 이들에게 국가보험 (state insurance)이 더 필요하다. 또한 사무직 근로자의 급여 제한 규정은 자의적이고 가족 부양의 책임을 고려하지 않은 것이다. 더욱이 질병에 걸린 사람과 실업에 처한 사람의 소득 욕구 사이에 실질적인 차이가 존재하지 않음에도 불구하고, 상이한 기여금 조건과 무의미한 연령 구분에 따라 상이한 액수의 급여를 받는다. 예를 들어, 아내와 두 자녀를 둔 성인 남성 피보험자가 실직하는 경우 주당 38실링을 받지만, 실직 후 몇 주라도 질병에 걸려 노동을 할 수 없는 상태에 처하면 주당 18실링으로 보험 소득이 줄어든다. 반면에 17세 청년은 실직하는 경우 주당 9실링을 받지만, 질병에라도 걸린다면 주당 12실링으로 보험 소득이 증가한다. 또 다른 예를 들어보자. 현재 자산조사 방식은 비기여연금, 보충연금(supplementary pensions), 공공부조(public assistance) 등에 따라 서로 다른 세 가지 방식으로 적용된다. 그뿐만 아니라 실업급여(unemployment benefit)와 같은 몇몇 특수한 경우에는 보충연금과는 또 다른 제4의 자산조사 방식이 적용되기도 한다.

5. 필요하다면 더 많은 예를 들 수도 있다. 어찌 되었든 이는 영국이 사회보장을 발전시켜온 방식에서 빚어진 너무도 당연한 결과이다. 현재 제공되고 있는 사회 서비스(social services)들이 상호 조율을 통해 긴밀히 협력할 수만 있다면, 서비스 대상자들에게 보다 알기 쉽고, 보다 유익할 뿐만 아니라 관리하는 데 더 경제적일 수 있을 것이라는 데에는 의심의 여지가 없다.

제안의 세 가지 주요 원칙

6. 첫 번째 단계인 사회보험에 관한 포괄적 조사로부터 다음 단계, 즉 제안으로 넘어가는 과정에서 준수되어야 할 세 가지 주요 원칙을 상정할 수 있다.

7. 첫 번째 원칙은 미래를 위한 모든 제안은, 그것이 과거로부터 집적된 경험들을 온전히 활용해야 하지만 그 경험을 얻는 가운데 형성된 분파적 이익의 고려로 인한 제약을 받아서는 안 된다는 것이다. 전쟁이 모든 종류의 역사적 유적을 파괴하고 있는 지금이야말로 어떤 제약 없이 경험을 활용할 기회이다. 세계 역사에서 혁명적인 순간은 부분적 보수가 아닌 혁명을 위한 때이다.

8. 두 번째 원칙은 사회보험 기관은 사회 진보의 종합적 정책만을 위한 하나의 부분으로 다루어져야 한다는 것이다. 완전히 발전한 사회보험은 소득보장(income security)을 제공할 것이다. 그것은 '궁핍(Want)'에 대한 강력한 대처이다. 하지만 '궁핍'은 재건의 도상에 있는 '5대 거악(five giants)' 중 하나에 불과하다. 그리고 어떤 점에서는 가장 대처하기 쉬운 것이기도 하다. 나머지 거악은 '질병(Disease)', '무지(Ignorance)', '불결(Squalor)'과 '나태(Idleness)'이다.*

....

* 'Want'는 궁핍, 부족 또는 가난과 빈곤을 가리키는 용어이다. 'Ignorance'는 무지 또는 잘 알지 못하는 상태를 의미하거나 교육받지 못한 상태를 가리킨다. 'Squalor'는 불결, 지저분함, 깨끗하지 않은 상태를 의미하거나 가난한 집 또는 전기와 수도도 없는 극빈한 주거 상태를 가리킨다. 'Idleness'는 나태, 한가로움, 게으름을 의미하거나 일자리가 없는 실업

9. 세 번째 원칙은 사회보장이 국가와 개인의 협력을 통해 성취되어야 만 한다는 것이다. 국가는 서비스와 기여를 위한 보장을 제공해야 한 다. 사회보장을 조직하는 국가는 동기(incentive), 기회(opportunity), 책임(responsibility)을 억압해서는 안 된다. 국민최저선(national mini-mum)*을 수립하는 데 있어 국가는 국민 개개인이 자신과 가족에게 최 저수준(subsistence)** 이상의 것을 공급할 자발적 행동(voluntary action) 의 여지를 마련해주고 장려해야 한다.

10. 이 보고서에 제시된 '사회보장을 위한 계획(Plan for Social Securi-ty)'***은 이러한 원칙에 기초하고 있다. 이 보고서는 경험을 활용하지만 그것에 얽매여 있지는 않다. 비록 전체 정책을 기다리지 않고 바로 성 취될 수 있는 것이 있음에도 불구하고, 이 계획은 더 광범한 사회정책 을 향한 하나의 제한적인 기여로서 제안된다. 무엇보다도 이것은 자산 조사 없이 권리(right)로서 제공되며, 기여에 대해 최저생계에 해당되 는 급여를 제공하는 보험의 계획이다. 이를 통해 개인들은 자유롭게 삶

....

의 상태를 가리킨다. 이 책에서는 한국에서 널리 사용되는 궁핍, 무지, 불결, 나태 등의 용 어를 사용한다.

* 국민최저선은 『베버리지 보고서』에서 가장 유명한 개념이다. 베버리지의 핵심 목표는 1930년대 영국과 전 세계에 큰 고통을 준 빈곤을 퇴치하는 것이었다. 『베버리지 보고서』 에서는 빈곤 대신 '궁핍'이라는 표현을 사용했다. 베버리지는 자산조사를 기반으로 한 급 여가 아니라 사회보험과 국가보조로 모든 사람이 반드시 받아야 할 최저생계 수준을 국 가가 보장해야 한다고 주장했다.

** 'subsistence'는 생존을 위한 생계유지를 가리키지만, 한국에서 널리 사용되는 최저생계 라는 용어로 번역한다.

*** 『베버리지 보고서』 원문에 '사회보장을 위한 계획'의 각 단어가 대문자로 강조되어 있어 이 책에서는 따옴표(' ')로 표기한다.

을 영위할 수 있게 될 것이다.

궁핍으로부터의 자유(Freedom from Want)*에 이르는 길

11. 부처 합동위원회의 업무는 사회보험과 관련 서비스 기획의 검토로부터 시작한다. 그 작업의 결실인 '사회보장을 위한 계획'은 궁핍의 진단으로부터 시작한다. 즉 현재의 전쟁에 앞선 시기에 영국의 가족과 개인들이 건강한 생존수단을 제대로 갖지 못했던 상황을 진단해야 한다. 이 시기에 비당파적이고 과학적인 공공사업 기관들은 런던, 리버풀, 셰필드, 플리머스, 사우샘프턴, 요크, 브리스톨 등 영국의 일부 주요 도시들의 생활 조건에 대한 사회조사(social surveys)를 실시했다. 그들은 각각의 도시에서 일부 주민들이 생존을 위해 필수적인 것으로 여겨지는 기준 이하의 수입으로 살아가고 있다는 것을 밝혔다. 그리고 그들은 이러한 결핍의 범위와 원인을 분석하였다. 각각의 사회조사들은 동일하게 광범한 결론을 도출했다. 궁핍 측정을 위한 정밀한 기준에 따르면, 모든 조사에서 궁핍은 4분의 3에서 6분의 5까지 소득 능력(earning power)의 중단 또는 상실에 기인하였다. 사실상 남은 4분의 1에서 6분의 1의 원인은 돈을 벌고 있을 동안의 소득이 가족 규모와 상응하지 않

············

* '궁핍으로부터의 자유'는 프랭클린 루스벨트 미국 대통령이 사용한 말로 유명하다. 1941년 1월 6일 루스벨트는 의회 연두교서에서 "우리가 다져나갈 미래는 네 가지의 본질적이고 인간적인 자유에 기초를 둔 세계"라고 말하며, "언론의 자유, 신앙의 자유, 궁핍으로부터의 자유, 공포로부터의 자유"를 역설했다. 이는 민주주의의 역사 가운데 가장 높은 평가를 받는 연설 가운데 하나이다. 이 중 '궁핍으로부터의 자유'는 빈곤층과 실업자를 위한 사회보장을 제공하는 뉴딜 개혁을 상징한다.

는 데 있었다. 이 조사들은 보충연금의 도입이 노인 인구의 빈곤 규모를 줄이기 이전에 수행되었다. 하지만 이는 사회조사들이 제시한 주요 결론에 영향을 미치지는 못한다. 궁핍의 해소를 위해서는 사회보험과 가족의 필요성이라는 관점에서 이중의 소득재분배(re-distribution of income)가 이루어져야 한다.

12. 먼저 궁핍의 해소를 위해서는 소득 능력의 중단과 상실에 대한 대비인 국가보험의 개선이 필요하다. 소득의 중단 또는 상실의 모든 주요 원인은 현재의 사회보험 체계의 대상이다. 사회보험 체계에도 불구하고, 실업 상태이거나 질병을 앓고 있거나 노령이거나 과부 등 수많은 사람이 사회조사의 기준에 의거한 생존에 필요한 적절한 소득을 얻지 못하고 있다는 사실을 발견할 수 있다. 만약 그렇다면 이는 급여의 총량이 기준에 미치지 못하거나 필요한 만큼 오래 지속되지 못한다는 것을 의미한다. 그리고 보충적 보험이 양적으로 불충분하거나 사람들이 그것에 의지하게 만드는 조건하에서만 받을 수 있다는 것을 의미한다. 전쟁 이전에 제공되었던 보험급여 가운데 어떤 것도 사실 사회조사의 기준을 참고하여 계획되지 않았다. 실업급여가 사회조사의 기준에 완전히 못 미치는 것은 아니었던 반면, 상병 및 장애급여(sickness and disablement benefit), 노령연금(old age pensions)과 과부연금(widow's pensions)은 그 기준을 한참 밑돌았다. 노동자 보상도 부양가족이 있거나 근로소득이 생존을 위해 필요한 총량의 2배 이하인 모든 사람의 생존 수준에 미치지 못하였다. 소득 능력의 중단 또는 상실이 궁핍으로 이어지는 것을 예방하기 위해 현재의 사회보험 체계를 세 가지 방향에서 개선하는 것이 필요하다. 즉, 현재 배제되고 있는 사람들을 보호할

수 있는 범위의 확장이 필요하다. 현재 제외된 위험들을 차단하기 위한 목표의 확대가 필요하다. 그리고 급여 수준의 인상이 필요하다.

13. 다음으로 궁핍의 해소는 소득 중단의 시기와 마찬가지로 소득 활동의 시기에도 가족의 필요에 따른 소득의 조정이 필요하다. 즉 어떤 형태로든 궁핍의 해소를 위해서는 아동에 대한 수당이 필요하다. 가구원이 많은 가구에 대한 지원으로 급여의 일부로서 제공되거나 부가적으로 제공되는 아동수당(children's allowance) 없이는 소득의 중단에 대한 어떤 사회보험도 적절하지 않을 것이다. 하지만 만약 아동수당이 오직 소득이 중단되었을 때만 제공되고 소득 활동이 이루어지는 기간에는 제공되지 않는다면 두 가지 악을 피할 수 없다. 첫째, 가구원 수가 많은 저임금 노동자들에게는 극심한 궁핍이 여전히 그대로 유지될 것이다. 둘째, 그렇게 된다면 소득은 근로 활동을 할 때보다 실업 또는 다른 이유로 일을 중단했을 때 더 높게 될 것이다.

14. 사회조사에서 정의된 바와 같이, 궁핍은 전쟁 이전에 사회보험과 아동수당을 통한 이중의 소득재분배를 통해 해소될 수 있었다. 445항에 제시된 것처럼 영국인들이 처분 가능한 소득은 궁핍의 해소라는 목적 달성에 충분하다. 이 보고서의 5부에 제시된 '사회보장을 위한 계획'은 전후 궁핍의 해소를 그 목적으로 설정하고 있다. 사회보장 계획은 주요 수단으로서 의무적인 사회보험과 보조적 수단으로서 국가부조(national assistance)*와 임의보험을 포함한다. 계획은 부양을 받는 아동

....

* 'national assistance'는 1948년부터 1966년까지 영국에서 실행된 자산조사 기반 급여이

을 위한 수당을 목적 달성을 위한 토대로 간주한다. 마찬가지로 계획은 종합적인 보건과 재활 서비스(comprehensive health and rehabilitation service)의 수립과 고용 유지, 즉 대량 실업의 회피를 사회보험의 성공을 가늠하는 필수적인 조건으로 여긴다. 아동수당, 보건과 재활 서비스 및 고용의 유지라는 세 가지 수단은 계획의 A, B 그리고 C의 가정으로서 기술된다. 세 가지 수단은 사회정책의 다른 분야로 확장되는 계획에 부분적으로 포함되기도 하고 포함되지 않기도 한다. 이는 보고서의 5부에서는 자세히 논의되지 않지만, 6부에서 광범한 주제와 연관된 사회보장과 더불어 논의될 것이다.

15. 사회보장 계획은 궁핍에 대한 진단에 기초한다. 사회보장 계획은 사실로부터, 즉 양차 세계대전 사이의 사회조사에 의해 드러난 국민의 조건에서 출발한다. 계획은 영국 공동체에 관한 두 가지 사실을 고려했다. 두 가지 사실은 출생률(birth rate)과 사망률(death rate)의 빠른 변화에서 비롯된다. 이는 영국의 미래를 위한 계획의 중요한 특징이 될 것이다. (중략) 첫 번째 사실은 인구의 연령 구성이다. 현재 퇴직연령 또는 정년으로 간주되는 연령을 지난 사람들이 전체 공동체에서 과거 어느 때보다 더 많은 비중을 차지하리라는 것은 자명하다. 두 번째 사실은 오늘날 영국의 낮은 재생산 비율(reproduction rate)이다. 이 비율이 가까운 미래에 매우 실질적으로 상승하지 않는다면 인구의 급속하고도

....

다. 영국의 빈민법(Poor Law)를 대체하기 위해 1942년 베버리지 보고서의 제안으로 기여금에 기반하면서도 자산조사를 통해 최저생계 수준만 지원하는 잔여적 역할을 수행했다. 이를 위한 법률로는 1948년 제정된 국가부조법(National Assistance Act)을 들 수 있으며, 1966년 제정된 사회보장부법(Ministry of Social Security Act)으로 대체되었다.

지속적인 감소는 피할 수 없을 것이다. 첫 번째 사실은 퇴직연령을 앞당기기보다 늦추도록 하는 방안을 찾는 것이 필수적이라는 점을 보여준다. 두 번째 사실은 사회지출의 우선순위를 아동 돌봄(care of childhood)과 모성의 보호(safeguarding of maternity)에 두어야만 한다는 점을 보여준다.

16. 노령 인구를 위한 대비는 어떤 사회보험 계획에서도 가장 크고 가장 빠르게 증가하는 요소이다. 노령의 문제는 이 보고서의 3부에서 세 가지 특별한 문제의 하나로서 논의될 것이다. 이 문제를 처리하기 위해 제안된 조치들은 254~257항에 요약했다. 제안의 요점은 모든 시민을 위해 20년의 과도기를 거치면서 단계별로 자산조사 없는 적절한 연금을 도입한다는 것이다. 그동안 지원을 필요로 하는 이들에게는 즉각적인 부조연금(assistance pensions)*이 제공되어야 한다. 권리(right)로서의 연금을 위한 과도기를 채택하며 자산의 고려에 종속된 즉각적 욕구를 충족시키는 동안 영국에서 '사회보장을 위한 계획'은 뉴질랜드의 선례를 따르게 된다.** 뉴질랜드 연금의 최종적 대체율은 '사회보장을 위한 계획'에 제안된 것보다 높다. 하지만 영국의 연금은 여기에 제시된 20년과 비교하면 28년의 과도기를 거친 직후에 뉴질랜드의 수준에 도달하게 될 것이다. 20년 후에 뉴질랜드 연금의 대체율은 제안된

영국 연금의 기본 대체율과 실질적으로 크게 다르지 않게 된다. 뉴질랜드 연금은 퇴직을 조건으로 제공되지 않는다. 제안된 영국의 연금은 퇴직연금(retirement pensions)일 것이다. 그리고 일을 계속하거나 퇴직을 연기하는 이들은 기본 대체율 이상으로 늘어난 연금을 받을 수 있게 될 것이다. 뉴질랜드의 계획은 낮은 수준에서 시작하는 영국의 계획보다 덜 바람직하다. 뉴질랜드의 연금 계획은 일부 다른 측면에서는 더 바람직한 점도 있다. 넓게 보아 영국 인종의 두 공동체*를 위한 두 가지 계획은 필요에 기초한 연금(pensions based on needs)으로부터 기여에 의한 모든 시민의 권리로서 지불되는 연금(pensions paid as of right)에 이르는 동일한 문제를 해결하기 위한 동일 선상에 놓여 있다.

사회보장을 위한 계획의 요약

17. '사회보장을 위한 계획'의 주요 특징은 소득 능력의 중단과 상실 및 출생, 혼인 또는 사망으로 야기되는 특수한 경우를 위한 사회보장의 체계(scheme)이다. 이 체계는 여섯 가지 기본 원칙을 담고 있다. 바로 정액 최저생계 급여, 정액 기여, 행정 책임의 일원화, 급여의 적절성, 포괄성, 그리고 계층 분류이다. 이 원칙들은 303~309항에 설명되었다. 이 원칙들에 기초한, 그리고 보충적 수단으로서 국가부조 및 임의보험과 결합한 '사회보장을 위한 계획'의 목표는 어떤 환경하에서도 궁핍을 해소하는 것이다.

....

* 원문에서 '영국 인종(British race)'이라는 표현은 영국과 뉴질랜드 두 나라를 가리킨다.

18. 인간이 처한 다양한 상황을 해결하기 위해서 설계된 사회보장 계획은 길면서도 상세해야 한다. 계획은 확실성과 중요성에서 차이가 나는 다양한 제안들을 포함해야 한다. 보고서를 준비하면서 이 단계에서 세부 사항을 어느 정도까지 정해야 할 것인지, 그리고 원칙들만을 다루는 것이 적절한지에 대한 질문이 자연스럽게 제기되었다. 두 가지 이유에서 개요만 제시하기보다는 가능한 한 제안을 상세하게 풀어놓는 것이 바람직하다고 생각했다. 첫 번째 이유는 모든 실천적인 개혁에 기초가 되는 원칙들은 오직 그것들이 실제 어떻게 작동할지를 파악하는 것을 통해서만 판단할 수 있기 때문이다. 두 번째 이유는 만약 '사회보장을 위한 계획'이 전쟁 직후 또는 그 이후에서야 시행된다면, 계획을 최대한 완전하게 준비하기 위한 시간적 여유가 없기 때문이다. 5부에 제시된 많은 세부 사항은 완전한 것도 최종적인 것도 아니다. 그 세부 사항들은 논의의 기초로서 제시되었다. 하지만 이를 공식화하는 것은 이후의 논의를 단축할 것으로 기대된다. 보고서의 주요 제안에서조차 전체 기획에 대한 중요도와 적절성의 차이가 존재한다. 비록 그 자체로 중요하고 적절하지만 기획의 다른 것을 변경하지 않으면서 생략할 수 있는 제안들이 있다. 특히 30항의 주요 변경 사항 목록 중 세 가지는 이러한 특징을 가졌고, 이를 나타내기 위해 꺾쇠괄호로 표시했다. 이는 꺾쇠 표시가 되지 않은 모든 것이 필수적이고 반드시 취해져야 하거나 전체로서 그대로 두어야 한다는 것을 의미하지는 않는다. 앞에 적은 여섯 가지 원칙과 원칙이 내포하고 있는 모든 내용은 기본 원칙이다. 기획의 나머지는 그 특성을 변경하지 않고 조정될 수 있다. 급여의 모든 급여율과 세부 사항은 본질적으로 수정될 수 있다.

19. 사회보장 계획의 주요 조항들은 다음과 같이 요약될 수 있다.

(i) 사회보장 계획은 소득 상한선 이상의 소득을 올리는 시민을 제외한 모든 시민에게 적용된다. 하지만 계획은 시민들의 상이한 생활방식을 염두에 두어야 한다. 다시 말해, 계획은 개인과 욕구의 모든 범위를 포괄한다. 하지만 적용할 때는 분류된다.

(ii) 사회보장과 관련하여, 인구는 각각 네 개의 근로연령*과 두 개의 근로연령 이하 및 그 이상의 계층으로 구분된다. 이는 다음과 같다.

I. 고용계약에 의한 정규직 피고용인** 또는 근로자

II. 기타 유급직 종사자. 고용주, 상인과 모든 종류의 자영업자들이 포함된다.

III. 근로연령의 여성으로서 결혼한 주부

IV. 유급 일자리에 취업하지 않은 기타 근로연령 인구

V. 근로연령 이하 인구

VI. 근로연령 이상의 퇴직자

(iii) 이 중 여섯 번째 계층에는 퇴직연금이 지급되며, 다섯 번째 계층에는 아동수당이 지급된다. 아동수당의 재원은 재무부(National Exchequer)가 국고에서 지급한다. 아동수당은 부양의무가 있는 부모가 보험 또는 연금급여를 수령하는 경우 모든 아동에게 지급되며, 기타의 경우에는 하나의 예외를 제외하고 모든 아동에게 지급된다. 이 밖에 네 계층은 그들의 상황에 적합한 보험을 보장받을 것이다.

....

* 노동연령이 정확한 용어이지만, 한국에서 널리 쓰이는 '근로연령'이라는 표현도 사용한다.

** 고용인의 한자는 '고용하는 자[雇用者]'와 '고용되는 자[雇傭人]' 두 가지 의미로 사용된다. 이러한 오해의 여지를 없애기 위해 이 책에서는 고용하는 사람은 '고용주(雇用主)'로, 고용되는 사람은 '피고용인(被雇用人)'으로 표현한다.

모든 계층은 포괄적인 의료 및 재활과 장례 비용을 지원받게 된다.

(iv) 계층 I, II, IV에 속한 모든 이들은 단일 보장 기여금(security con-tributions)을 매주 또는 몇 주 단위로 단일 보험 서류에 소인(消印)하여 납부한다. 계층 I에 대해 고용주들 또한 보험 소인(insurance stamps)을 부착하고 피고용인의 기여금을 임금 또는 월급에서 공제하여 기여금을 납부한다. 기여금은 제공받는 급여에 따라 각각의 계층마다 상이하며, 계층 III을 위한 급여를 보장하기 위하여 남성의 기여금이 여성보다 높게 책정된다.

(v) 단순 기여금의 조건에 따라 계층 I에 속하는 사람들은 실업 및 장애급여, 퇴직연금, 의료비와 장례 비용을 받게 될 것이다. 계층 II의 모든 이들은 실업급여와 장애의 첫 13주 동안 장애급여를 제외한 모든 급여를 받게 될 것이다. 계층 IV에 속하는 사람들은 실업급여와 장애급여를 제외한 모든 급여를 받게 될 것이다. 계층 I 외의 모든 계층의 사람들은 실업급여를 대체하는 교육훈련급여를 받을 수 있게 될 것이다. 교육훈련급여는 그들의 현재 생계가 어려울 때 그들이 새로운 생계를 찾을 수 있도록 도울 것이다. 계층 III의 모든 이들은 그들의 남편의 기여금에 의해 출산 보조금(maternity grant), 과부와 별거인에 대한 지원과 퇴직연금 자격을 보장받게 될 것이다. 또한 유급 일자리를 얻은 주부들은 출산 전후에 일을 쉬는 것이 가능하도록 출산 보조금에 더해 13주 동안 출산급여(maternity bene-fit)를 받게 될 것이다.

(vi) 실업급여, 장애급여, 과도기 이후의 기초 퇴직연금, 교육훈련급여는 이전 소득과 무관하게 동일한 금액(rate)으로 지급될 것이다. 이 금액은 그 자체로 일상생활에서 최저생계에 필요한 수입을 제공할

것이다. 유급 직업에 종사하지 않는 부부의 경우는 공동 합산 금액을 받을 것이다. 아내가 없거나 유급 직업에 종사하는 경우라면 단일한 금액보다 낮은 급여를 받을 것이다. 아내가 없지만 아동수당 연령을 초과하는 부양자녀가 있는 경우는 부양수당(dependant allowance)을 받을 것이다. 유급직에 종사하는 주부라면, 출산급여는 실업이나 장애의 단일 급여액보다는 높은데, 그들의 실업 및 장애급여는 기준 급여보다 낮을 것이다. 또한 아래에 설명하듯이 과부에게는 특별 급여가 주어질 것이다. 이러한 예외 조항을 빼면, 모든 급여는 남성과 여성 모두에게 같은 액수가 지급될 것이다. 산업재해 사고나 질병으로 인한 장애는 첫 13주 동안은 다른 모든 장애와 동일하게 취급될 것이다. 만약 그 후에도 장애가 지속된다면 균등 금액의 장애급여는, 최저와 최대의 제한 규정이 있는 개인소득 연계 산업연금(industrial pensions)으로 대체될 것이다.

(vii) 실업급여는 실업 상태가 지속되는 한 자산조사 없이 동일한 금액이 계속 지급될 것이다. 단, 일정 기간이 지나면 고용지원센터나 교육훈련센터에 참여해야 한다. 장애급여 역시 장애가 지속되거나 산업연금으로 대체될 때까지 자산조사 없이 정액으로 계속 지급될 것이다. 다만, 적절한 의학적 치료나 직업훈련을 받는 것을 수용해야 한다.

(viii) (산업연금을 제외하고) 연금은 오직 퇴직 시에만 지급될 것이다. 정년, 즉 남성의 경우는 65세, 여성의 경우는 60세가 지나면 언제든지 연금을 청구할 수 있다. 연금 금액은 만약 퇴직이 연기되면 기초연금액보다 늘어날 것이다. 권리로서의 기여연금은 당연히 20년의 과도기 동안 최대 기초연금액에 도달할 때까지 점진적으로 증가할

것이며, 이 기간 내에는 필요에 따라 적절한 연금이 모든 연금 청구권자에게 지급된다. 기존 연금 수급자의 지위는 보호된다.

(ix) 부양자녀가 없는 근로연령의 과부에게는 더 이상 종신연금이 지급되지 않는다. 그 대신에 모든 과부에게는 실업급여나 장애급여보다 높은 임시급여(temporary benefit)가 지급되며, 필요한 경우 교육훈련급여가 추가로 지급될 것이다. 요·부양 아동이 있는 과부에게는 아동수당에 더해 후견급여를 지급함으로써 다른 자산이 없어도 생계를 유지할 수 있도록 한다. 기존 과부의 연금 지위는 보호된다.

(x) 사회보험에 의해 보호되지 않는 몇몇 욕구의 경우, 일률적인 자산조사를 조건으로 하는 국가부조에 의해 보호될 것이다.

(xi) 보건부(Health Departments) 산하 국민보건서비스(national health service)를 통해 모든 시민에게 의학적 치료가 제공되며, 도움이 된다면 모든 사람에게 사후 재활치료가 제공될 것이다.

(xii) 사회보장부(Ministry of Social Security)가 설립되어 사회보험, 국가부조를 관장하며 임의보험을 장려하고 관리를 맡게 될 것이다. 또한 이러한 목적을 위해 필요하다면 다른 정부 부처와 지방정부가 이 분야에서 담당하고 있는 업무를 인계받게 된다.

사회보험의 성격

20. 이 계획의 주된 특징인 사회보험 체계하에서, 모든 근로연령기 시민은 자신에게 필요한 보장에 따라 자신에게 적절한 수준에 맞게 기여하게 될 것이다. 기혼 여성의 경우 보험 기여금(insurance contributions)

은 남편이 납부하게 될 것이다. 각 시민은 하나의 보험 서류에 따라 부과된 주당 기여금을 근거로 자신이 필요로 하는 모든 욕구를 보장받게 된다. 모든 주요 현금급여, 예컨대 실업, 장애, 퇴직급여는 욕구가 지속되는 한 자산조사 없이 계속될 것이다. 또한 모든 현금급여는 피보험자, 피보험자의 고용주, 경우에 따라서는 국가의 분담금으로 설립된 사회보험기금(Social Insurance Fund)에서 지급된다. 이는 소득 유지의 문제를 다룰 때 따라야 하는 방침과 관련된 다음 두 가지 견해와 부합한다.

21. 첫 번째 견해는 영국 국민이 국가로부터 무료 수당을 얻기보다는 기여에 대한 대가로 혜택을 받기를 원한다는 것이다. 이러한 바람은 강제보험 제도에 대한 대중성을 통해 확인될 수 있으며, 질병, 사망, 양로, 특히 최근 늘어나고 있는 병원 치료와 관련한 임의보험의 가입이 크게 증가하는 현상에서 드러난다. 또한 어떠한 종류의 자산조사에도 대중적 반감이 크다는 사실에서도 드러난다. 이러한 반대는 모든 것을 공짜로 얻고 싶다는 바람에서 기인한다기보다는 자산조사 조항이 어려울 때를 위해 절약하고 저축하는 일을 의무이자 기쁨이라고 여겨온 사람들을 처벌하는 것처럼 보이는 것에 분노하기 때문이다. 자신의 소득 관리는 시민이 누려야 하는 자유의 핵심적 요소 가운데 하나다. 사회보험급여의 비용 중 상당 부분이 납부자의 자산과 무관한 기여금에서 지급된다는 사실이야말로 자산과 무관하게 급여를 청구할 수 있는 확실한 근거다.

22. 두 번째 견해는 보험급여액은 얼마가 청구되든지, 필요한 경우에 보험 수급자의 기여금으로 조성된 사회보험기금에서 제공되어야 하며,

기금이 부족하다는 사실이 증명된다면 수급자들은 더 많은 기여금 납부를 요구받을 수도 있다는 것이다. 1930년부터 장기 실업에 적용되고 있는 보장 계획에 따르면 국가는 기여금을 낮게 유지하기 위해서라도 사회보험에 이러한 식의 부담을 지게 해서는 안 된다. 하지만 장기간의 장애에도 적용하자고 이따금씩 제안되곤 하는 이러한 방식은 원칙적으로 잘못되었다. 피보험자는 어떠한 원인으로 발생한 실업이건 간에 실업수당이 무한정 나올 수 있다는 생각을 가져서는 안 된다. 정부 역시 실업수당을 지불함으로써 실업과 질병을 최소한으로 줄여야 하는 정부의 중요한 책무에서 벗어날 수 있다고 생각해서는 안 된다. 국가가 직접 지출과 조직화의 역할을 하는 이유는 노동을 비롯한 국가의 여타 생산자원의 고용을 유지하고 질병을 예방하고 퇴치하기 위해서지, 불완전한 보험 체계에 미봉책을 제공하기 위해서가 아니다.

23. 자산조사를 통해 보호가 필요한 개인에게 직접 부조를 제공하는 일에서 국가를 완전히 배제할 수는 없다. 보험 체계가 아무리 포괄적이라 하더라도 신체적으로 병약한 국민 중에는 기여금을 납부하는 것이 불가능한 경우가 있을 수 있으며, 어떠한 보험망으로도 보호되지 않는 경우도 있을 것이다. 보험급여를 자산조사 없이 무기한 제공하도록 설계하겠다는 말은, 그 자체로 급여 수급자가 서비스를 받거나 서비스 수급을 유지하려면 어느 단계에선가는 그들이 자신의 시간을 어떻게 써야 하는지와 관련하여 수급 조건이 부과되어야 한다는 것을 의미한다. 하지만 어떤 조건을 부과한다는 것은 조건이 충족되지 않을 수도 있으며, 그에 따라 부조를 받아야 하는 경우가 발생할 수도 있다는 의미이기도 하다. 더욱이 사회보험의 주된 목적들 가운데 하나인 노령이나 은

퇴 대비의 경우, 기여의 원칙은 상당히 여러 해 동안의 기여금 납부를 전제로 한다. 적정 기여연금이 도입되면 기여에 의한 연금 수급 자격을 충족하지는 못했지만 연금이 필요한 과도기의 사람들이 존재할 수밖에 없고, 연금에 대한 그들의 욕구는 부조연금으로 해소되어야 한다. 국가부조는 전체 '사회보장을 위한 계획'을 보충하는 필수적인 방법의 하나다. 또한 부조위원회(Assistance Board)의 작업은 자산조사를 조건으로 하는 부조라도 공감에서 우러나는 공평성과 재량을 발휘하여 관리하면 개개인의 상황을 충분히 고려할 수 있음을 보여준다. 하지만 애초에 부조의 범위는 협소하며 연금 과도기를 거치면서 축소된다. 반면에 사회보험 체계는 제대로 작동하기만 하면 그것만으로도 모든 보통 사람이 최저생계에 필요한 소득을 보장받을 수 있도록 설계된다.

24. 이 체계를 보험 체계라 부르는 이유는, 그것이 기여의 원칙을 유지하기 때문이다. 하지만 사회보험이라 부르는 이유는, 그것이 다음과 같은 몇 가지 중요한 점에서 임의보험과 다르기 때문이다. 첫째, 위험에 따른 보험료 조정이 임의보험의 핵심이다. 이것이 없다면 개인이 자기 앞으로 보험에 가입할 이유가 없을 것이기 때문이다. 반면에 국가권력에 의해 가입이 강제되는 사회보험에서 이러한 조정은 필수 사항이 아니다. 둘째, 사망이나 노령, 질병 같은 보험 통계상의 위험에 대비하려 할 때, 임의보험으로 생애 주기 후반에 증가하는 위험에 대비하고 개개의 취약점에 대비해 적립금을 비축하기 위해서는 생애 초반부터 보험료를 적립할 필요가 있다. 반면에 국가는 잇따른 세대 구성원들을 보험에 가입하도록 강제할 수 있을 뿐 아니라 세금 징수 능력을 보유하고 있다. 따라서 반드시 보험 통계상의 위험에 대비한 준비금을 적립할 필

요가 없으며, 사실상 과거에도 이 방법을 채택한 적은 없다. 이 두 가지 차이점 중 후자는 재정 운영 관행에서 비롯되는 차이에 불과하다. 그러나 전자는 정책과 형평성이라는 중요한 문제들을 제기한다. 국가가 강제보험을 시행할 때 반드시 위험에 따라 보험료를 차등 부과할 필요는 없지만, 정책상의 문제로 그렇게 하는 경우도 있을 수 있다.

25. 영국에서 국가보험이 시작되었을 때, 강제보험도 임의보험처럼 위험에 따라 보험료를 조정해야 한다고 생각되었다. 이러한 생각은 공인조합(Approved Societies) 체계로 운영되던 의료보험에 반영되었다. 실업보험에서도 위험 평가가 가능하게 되자 업종별 보험료 분담금을 상이하게 책정하고, 업종별 특별 보험 체계를 권장하며 실업수당을 청구하지 않는 개인의 보험료를 상환함으로써 그러한 생각을 적용하려 했다. 그보다 앞선 노동자 재해보상제도에서도 산업 위험에 따른 보험료 조정이 이루어졌는데, 이는 산업재해 대비의 책임을 개별 고용주에게 부가하여 고용주로 하여금 각자의 책임 정도에 따라 임의적으로 보험에 가입하도록 한 필연적 결과였다. 1912년부터 30년 동안 여론은 이 처음의 방식, 즉 강제보험에서 위험에 따라 보험료율을 조정하는 원칙에서 벗어나 위험 비용을 공동 부담하는 쪽으로 확실히 선회해왔다. 무엇보다 실업과 관련하여 가장 두드러지고 가장 전면적인 변화가 일어나고 있다. 일반적인 보험 체계에서는 산업 전체를 아우르는 대신 산업별로 실업보험을 제공하는 것이 부득이한 역사적 예외로 여겨져왔다. 하지만 오늘날에는 특정 산업의 실업 규모가 자체적인 통제만으로는 효과적으로 억제될 수 없다는 것이 일반적인 주장이다. 모든 산업은 서로에게 의존한다. 따라서 다행히 안정적인 산업이라 하더라도 보다 불

안정한 산업의 실업 비용을 공동 부담해야 한다. 현재 의료보험 관련하여 현 부처 합동위원회에 참고인 자격으로 참석한 사람들 역시 대다수가 같은 맥락에서 사회적 위험을 공동 관리해야 한다는 의견을 제시하고 있다. 노동자 재해보상과 관련해서는 광산노동자연맹(Mineworkers' Federation)이 왕립 노동자재해보상위원회(Royal Commission on Work-men's Compensation)에 같은 주장을 제기해오고 있다. 연맹은 다른 산업이 탄광 산업 없이 존재할 수 없기 때문에, 다른 경우와 마찬가지로 모든 산업의 고용주가 탄광 산업에서 발생하는 산업재해와 질병의 비용 역시 동등하게 분담해야 한다고 주장한다.

26. 이것은 분별력 있는 사람들이 강력한 논거를 근거로 서로 다른 주장을 개진해온 이론과 실천의 문제다. 하지만 여론의 전반적인 추세는 확실해 보인다. 상이한 원칙을 시도해본 후에, 공동체가 강제력을 동원해 조직하는 보험에서 각 개인이 동일한 조건으로 가입하는 방법이야말로 영국인의 정서에 가장 잘 부합한다는 사실을 알게 되었다. 그 누구도 자신이 더 건강하거나 더 안정적인 고용 상태에 있다고 해서 보험료를 덜 내겠다고 요구해서는 안 된다. 이 보고서는 그러한 견해와 일맥상통할 뿐 아니라 거기서 한 걸음 더 나아가 국가보험을 곤경을 예방하거나 완화하는 기존 방식과도 다르고 임의보험과도 다른 새로운 유형의 사회제도로 발전시키자고 제안한다. 이 제도를 '사회보험'이라고 부른다는 것은 그것이 강제적이며 사람들이 서로 연대한다는 것을 의미한다. 사회보험이라는 용어는 또한 위험의 분산이 사회적 목적에 도움이 되는 경우가 아니라면 위험에 공동 대응한다는 것을 의미한다. 산업재해와 질병의 경우처럼, 사회정책적 이유로 위험 예방의 동기를 부

여하기 위해 보험료를 위험에 따라 조정할 수도 있다. 국민보험(national insurance)에 가입한 국민 개개인이 실업이나 질병 혹은 사고의 개인적 발생 위험이 낮다는 점을 이용해 보험 제외 청구 신청을 해도 더 이상 받아들여지지 않는다.

급여와 기여금에 관한 잠정 금액

27. 사회보험은 최저생계에 필요한 최저소득(minimum income)의 보장을 목표로 해야 한다. 실제 급여액과 기여금이 금액으로 얼마여야 하는지는 다음과 같은 두 가지 이유로, 현시점에서 확정할 수 없다. 첫째, 전후 물가 수준을 현재 확실하게 예측하기란 불가능하다. 둘째, 적절하게 인간다운 생활을 유지하려면 얼마가 필요한지를 결정하는 것은 어느 정도 가치 판단의 문제이다. 또한 최저생계와 관련한 추정치들은 시간이 지나면 변하기 마련이며, 일반적으로 발전하는 사회일수록 증가하는 경향이 있다. 보고서에서는 이 문제를 다루기 위해 다음과 같은 절차를 따랐다. 첫째, 공평한 전문가 기관이 제시하는 최저생계의 욕구를 고려하여, 1938년 당시의 물가를 기준으로 보통 사람이 생계를 유지하기에 충분한 주당 소득을 결정했다. 둘째, 이 금액으로부터 1938년 금액의 25%를 상회하는 적절한 생활비를 추산했다. 수급액, 연금액 및 보조금 액수는 전후 잠정적 금액으로 401항에 제시된다. 이 금액을 근거로 여러 보험급여 간의 가장 적절한 비율을 설정하고, 각각의 급여 비용과 모든 급여 총액을 간단히 제시하는 것이 가능하다. 또한 수급액을 기여금이나 세금과 관련하여 제시하는 것도 가능하다. 하지만 이 잠

정적인 금액 자체가 중요한 것은 아니다. 보험 체계가 작동하는 시점의 화폐 가치가 잠정 금액을 추산할 때 사용한 가치와 크게 다르다면, 금액은 보험 체계의 특별히 중요한 세부 조항들을 변화시키지 않고도 바뀔 수 있다. 만약 사회정책적 이유로 수급액을 최저생계를 위한 금액 이상으로 인상해야 할 필요가 있다면, 전체적인 수급 금액과 기여 금액 역시 보험 체계의 구조에 영향을 주지 않으면서도 인상될 수 있다. 반대로 사회정책적 필요나 재정적 압박으로 수급 금액을 인하해야 한다면 수급 금액과 기여 금액은 즉각적으로는 아니더라도, 또 보험 체계를 특별히 조정하지 않더라도 인하할 수 있을 것이다.

29. 보험급여액과 연금 금액을 최저생계의 욕구와 관련하여 과학적 근거를 들어 확정하려는 시도는 현대 영국의 상황에 비추어 볼 때 대단히 어렵다는 사실을 알 수 있다. 무엇보다 197~216항에서 논의되는 임대료가 문제다. 다른 점들과 마찬가지로 이 점에서, 만족할 만한 사회보장 체계를 구성하는 과제는 경제조직이나 사회조직에서 다른 문제들을 해결하는 것에 달려 있다. 최저생계비의 개념에 수치를 부여하는 데 불가피한 어려움이 있는 경우, 이 보고서가 제안하는 사회보험 체계는 모든 정상적인 욕구에 대해 적절한 기간 동안 적정 금액의 보험급여를 제공한다. 그와 동시에 이는 오늘날 영국 사회 서비스의 특징으로 간주되는 변칙과 중복, 기관의 중첩, 불필요한 관리 비용 등이 사라지고 협력, 간이화, 경제성으로 대체되는 체계인 것이다.

사회보장의 일원화와 그에 따른 변화들

30. 사회보장 일원화로 얻는 이득은 클 뿐만 아니라 의심의 여지가 없다. 현재의 행정기구를 변화시키는 것만으로도 이득을 얻을 수 있는데, 그 기구의 필요성이 개별적으로 검증될 필요가 있다. 현재의 관행 중에서 일원화 계획에 따라 변경되어야 할 사항은 다음과 같다. 이러한 변화가 필요한 각각의 이유들은 2부에서 한두 가지 사례를 들어 간략하게 제시되며 앞으로 보다 충분한 논의가 이루어지기를 기대한다.

1. 사회보험 보험료를 일원화한다. 즉, 각 피보험자는 하나의 단일한 보험 서류에 따라 주당 보험 기여금을 납부하며 이를 기초로 모든 급여를 수급할 수 있다(41~43항).

2. 사회보험과 사회부조의 관리를 사회보장부로 일원화하며, 사회보장부 산하에는 모든 피보험자가 쉽게 이용할 수 있는 지역 사회보장사무소(Local Security Office)를 둔다(44~47항).

3. 동일한 강제 기여금을 납부하더라도 공제조합과 노동조합의 보유금을 합해 급여 수급액을 다르게 제공하는 현재의 공인조합 방식을 대체한다. 현재 이들 조합은 조합원의 법정 외 임의급여뿐 아니라 국가급여(state benefit)의 관리 책임을 맡고 있는 대행 기관으로서 상병급여를 제공한다(48~76항).

4. 현재의 노동자 재해보상 체계를 대체하고 산업 사고 및 질병(이하 '산업재해')에 대한 대비 조항을 단일한 사회보험 체계 안에 포함한다. 단, (a) 이 조항에 따른 비용을 충족할 수 있는 특별 방안을 마련하고, (b) 장기적인 장애를 위한 특별 연금과 그러한 원인으로 인한 사망자의 부양가족에게 보조금을 지급해야 한다(77~105항).

5. 의학적 치료와 현금급여 관리를 분리하고, 모든 시민을 위한 포괄적 의료 서비스를 구축하며, 보건부가 모든 치료와 장애의 관리, 감독을 담당한다(106항).

6. 가정주부를 하나의 독립적인 보험 계층(insurance class)으로 분리한다. 이에 따라 가정주부는 자신의 특수한 욕구에 부합하는 급여를 수령할 수 있는 직업 종사자 계층의 하나로 인정된다. (a) 모든 가정주부는 결혼 보조금(marriage grant), 출산 보조금, 과부수당과 별거 수당, 퇴직연금을 받는다. (b) 전업주부의 경우, 남편의 실업이나 장애 기간 동안 급여 혜택을 받는다. (c) 소득이 있는 경우에는 출산 보조금 외에 특별 출산급여를 받으며, 기혼 여성 예외 규정의 폐지로 인해 낮은 실업급여와 장애급여를 받게 될 것이다(107~117항).

7. 장기적인 장애보험을 모든 유급직 종사자로 확대하고, 퇴직연금은 소득 취득 여부와 무관하게 모든 근로연령의 국민으로 확대한다 (118~121항).

8. 유급이든 혹은 무급이든 기존의 생계 수단을 상실한 모든 사람에게는 새로운 직업으로 이직이 용이하도록 교육훈련급여를 제공한다 (122항).

9. 실업, 장애의 급여액과 연금액을 동일하게 한다. 산업재해로 인한 장기적인 장애와 퇴직의 경우는 예외로 한다(123항).

10. 산업재해로 인한 장애를 포함하여 장애와 실업의 수급 요건으로서의 대기 기간을 동일하게 한다(124~126항).

11. 산업재해로 인한 장애를 제외한 장애급여와 실업급여의 기여 요건을 동일하게 하며, 연금 기여 요건을 개정한다(127~128항).

12. 실업급여는 일정한 실업 기간 이후에 고용지원센터 또는 교육훈련

센터에 출석하는 요구 조건을 충족하는 한 수급액의 삭감 없이 무기한 제공하도록 설계한다(129~132항).

13. 장애급여는 특별한 행동 조건을 충족하는 한 수급액의 삭감 없이 무기한 제공하도록 설계한다(129~132항).

14. 산업연금을 제외한 연금은 퇴직 시에만 제공하며, 정년 즉 남성의 경우 65세, 여성의 경우 60세가 지난 후에도 계속해서 보험 기여금을 납부하는 경우에는 장래 수령 연금액이 매년 증가하도록 설계한다(133~136항).

15. 농업, 은행, 금융, 보험업을 대상으로 하는 특별 실업보험 체계를 일반 사회보험 체계로 통합한다(137~148항).

16. 다음과 같은 보험 예외 조항을 폐지한다.

   (a) 국가 및 지방 공무원, 경찰, 간호, 철도, 기타 연금 수급자 등 특정 직종에 종사하는 자와 실업보험을 받는 개인 가사 서비스 제공자

   (b) 연간 420파운드 이상의 보수를 받는 사무직 종사자(149~152항)

17. 무조건적이고 불충분한 과부연금을 과부의 다양한 욕구에 적합한 급여로 대체한다. 예를 들어, 모든 과부에게 특별 금액에 따른 임시 과부급여(widow's benefit)를 제공하고 훈련이 필요한 경우는 교육훈련급여를, 부양 아동이 있는 경우는 후견급여를 제공한다(153~156항).

18. 강제보험에 장례 보조금을 포함한다(157~160항).

19. 지역 당국이 보호시설에서 제공하는 치료와 서비스를 제외한 나머지 공공부조의 기능을 사회보장부로 이관한다(161~165항).

20. 시각장애인 지원 책임을 사회보장부로 이관한다. 사회보장부는 새

로운 복지 지원 체계를 사회보장부, 지역 당국, 민간 기관의 협력을 통해 구성할 책임을 진다(166~170항).

21. 부조위원회의 기능과 간접세무국(Customs and Excise Department)의 비기여연금 업무, 노동병역서비스부(Ministry of Labour and National Service)*의 취업 알선 서비스를 사회보장부로 이관한다. 또한 실업보험을 포함해서 노동병역서비스부의 취업 알선 서비스 업무, 노동자 재해보상을 비롯한 기타 다른 부서들이 담당하고 있는 모든 현금급여 관리 업무 역시 사회보장부로 이관한다(171~175항).

22. 실업보험법정위원회(Unemployment Insurance Statutory Committee)를 사회보험법정위원회(Social Insurance Statutory Committee)로 대체하여 유사하지만 광범위한 재량권을 부여한다(176~180항).

23. 산업보장보험 업무를 산업보증위원회(Industrial Assurance Board) 산하 공공서비스로 전환한다(181~192항).

31. 변화시켜야 할 목록이 이처럼 길다고 해서 이 보고서의 제안들이 과거의 경험이나 성과를 망각한 것은 아니다. 오늘날 통합 사회보장을 위해 제안되고 있는 사항들은 사회보장제도를 하나씩 만드는 과정에서 일궈온 성과들에 기반하고 있다. 무엇보다 보고서에는 3자(피보험

....

* 영국 정부가 1916년 정부 부처 법률을 제정한 후 노동부(Ministry of Labour)는 조정, 노동 거래, 노사관계, 고용관계 업무를 담당했다. 2차 세계대전 발발 이후 1939년부터 병역 서비스법(Natonal Service Act)에 따라 노동병역서비스부로 명칭이 변경된 후 군대 배치, 민방위, 산업, 관련 산업 부서의 관리 업무를 운용했다. 전쟁 후에는 병역 서비스 업무가 군대 충원 부처로 이관되었다.

자, 피보험자가 고용관계에 있다면 그의 고용주, 국가)의 보장 비용 공유라는 기여의 원칙이 담겨 있다. 또한 강제보험은 모두의 정액 갹출에 대한 대가로 소득과 무관한 정액 급여를 제공해야 한다는 원칙을 유지, 확대하고 있다. 보고서는 보험 서류와 보험 소인 방식이 기여금을 관리하는 가장 좋은 방법이라고 판단해서 계속 시행하기를 권고한다. 보고서의 계획은 국가 행정기구가 실업보험과 그 후의 실업부조를 관리하면서 얻은 경험을 기반으로 설계되었다. 영국의 행정 체계는 중앙정부에 집중되어 있기보다는 지방과 지역의 담당 공무원들에 의해 이루어지는데, 이들은 모든 것을 자신들이 봉사하는 지역 공동체의 대표들*과 긴밀한 협력하에 운용한다. 국민의료보험과 관련해서는 공제조합과 새로운 기초 위에서 협력할 것을 제안한다. 또한 노동자 재해보상의 일부 특수한 측면들은 단일 보험 체계의 일반적인 틀 안에서 계속 유지하되, 주요 관련 산업의 상호 보장을 위한 협회들은 산업 협력과 자치를 가능하게 하는 새로운 기관으로 전환할 것을 제안한다. 사회부조의 현금 지급 업무는 지방정부에서 중앙정부로 이관될 것이다. 하지만 지역 당국들은 보호 기관 제공과 사회복지 관련 서비스의 조직 및 유지에 여전히 핵심적인 역할을 유지할 것이다. 여기서 제안되는 사회보장 체계는 여러 가지 면에서 혁명적이다. 그러나 보다 중요한 것은 그것이 과거로부터 자연스럽게 발전해왔다는 사실이다. 이것이야말로 '영국식 혁명(a British Revolution)'이다.

....

* 지역 공동체의 대표란 지방의회의 선출직 의원들을 가리킨다. 영국은 유럽의 오랜 봉건제의 전통을 유지했으며, 노르만 정복 이후에도 도시 자치권의 전통이 강했다. 1832년 개혁법 이후 자치구 의회가 법률에 의해 운용되었으며, 1940년대 이후 20세기에 이르러서도 지방의회는 상당한 행정적 재량을 가졌다.

32. 이러한 '사회보장을 위한 계획'은 전쟁 직후부터 시행하도록 권고된다. 사회보장 계획의 재정 부분을 조사한 정부 보험계리 제안서(Memorandum, 보고서의 '부록 A'에 실려 있다)에 따르면, 인구 수 대비 지출 규모를 추정할 때 1944년 7월 1일에 계획을 운용하기 시작하면 1945년 1월 1일부터 최초의 역년(calendar year) 단위 보험 수급이 가능할 것으로 생각된다. 그러나 이 계획을 시행하는 데 필요한 입법과 행정상의 업무를 고려해본다면, 정부와 의회가 가까운 장래에 계획의 원칙을 결의하기만 한다면 이보다 빨리 시행될 수도 있을 것이다.

2부

주요 변화 제안과 이유

변화 1. 사회보험 보험료를 일원화한다. 즉, 각 피보험자는 하나의 단일한 보험 서류에 따라 주당 보험 기여금을 납부하며 이를 기초로 모든 급여를 수급할 수 있다.

41. 이것의 이점은 명백하다. 이것은 연간 2천만 명의 사람들이 각자 상응하는 소인을 가진 두 개의 보험 서류를 가지는 것이 아니라 한 개의 보험 서류만 가지는 것을 의미한다. 이것은 서류를 절약하고, 피보험자의 번거로움을 없애며, 고용주의 사무 처리 비용을 절약한다. (중략)

42. 먼저, 기여금의 일원화 그 자체로 인해서 다른 목적(실업, 상병, 연금)을 위해 개별적인 재정으로 관리되는 현재의 실무에 변화가 일어나는 것은 아니다. 현행 건강 및 연금 카드에 부착되어 있는 단일 소인의 수익금은 건강보험과 연금보험으로 철저하게 분리된다. 모든 기여금이

단일한 사회보험기금으로 유입되는 것은 반드시 필요한 것이라고는 할 수 없지만 편리할 것이다.

변화 2. 사회보험과 사회부조의 관리를 사회보장부로 일원화하며, 사회보장부 산하에는 모든 피보험자가 쉽게 이용할 수 있는 지역 사회보장사무소를 둔다.

44. 이 변화의 주된 이점은 효율성이 매우 크게 개선됨으로써 사회보험 소비자인 피보험자에게 더 큰 만족을 주게 된다는 점이다. 세부적으로 살펴보면 다음과 같다.

(a) 권한이 분산되어 있는 여러 기관이 아니라, 하나로 통합된 행정기구에서 담당하는 것이 피보험자에게는 훨씬 더 편리하다.

(b) 각 기관의 업무 중복 문제, 즉 어떤 기관이 특정 사건을 다루는 데 책임이 있으며 또 어떤 원칙에 따라 처리할 것인가에 대한 기관들 간의 분쟁을 방지할 수 있다.

(c) 급여의 중복이나 혼란을 방지할 수 있다.

(d) 업무 공백의 차단(방지): 보험의 일원화는 비록 그것이 '올인(all-in) 보험'으로 시작하지 않더라도, 새로운 욕구들이 인식될 때 그것을 다루는 데 어떤 기관이 책임이 있는가에 대해 분쟁 없이 그러한 욕구들에 즉각적으로 대응할 수 있다.

(e) 노동자 재해보상과 같이 현행 체계에서 보장되지 않는 급여가 전적으로 보장된다.

(f) 욕구의 실질적 차이 또는 기타 상황에 의해 차등화가 정당화되는 경우를 제외하고, 급여액과 기여 조건이 일원화된다.

(g) 절차의 차이가 정당화될 수 있는 경우를 제외하고, 급여 청구의 결정을 위한 절차의 일원화가 이루어진다.

위에서 언급한 바와 같이, 이 제안의 가장 큰 이유는 바로 시민들의 욕구를 더 효율적으로 충족시키는 것이다. 행정기구의 집중이 경제적이고 효율적이라는 점은 명백하다.

45. 사회보험과 부조의 일원화가 모든 급여를 동일한 방법으로 또는 동일한 장소에서 수령해야 한다는 것을 의미하는 것은 아니다. 행정의 일원화라는 것은 시민이 질병에 걸렸을 때 급여를 받는 것과 실업에 처했을 때 급여를 받는 것이 전적으로 다른 방식으로 이루어지는 것을 의미하며, 보통 그렇게 진행된다. 현행 방식에 따라 장애수당이나 연금을 수급자 자신이 직접 수령하거나 우편을 통해 수령할 수 있다. 무엇보다 '변화 3'의 제안들에 따라 상병에 대한 국가급여뿐만 아니라 임의급여를 받을 자격이 있는 사람의 경우 그가 원한다면, 그가 속한 조합을 통해 현재와 같이 급여를 계속해서 받게 될 것이다. 다시 말하지만, 일원화는 기존 방식의 확대 그리고 보험, 은행, 금융 분야에서 자신의 소속원에 대해 자신의 기금으로 국가급여를 관리하기 위해 마련된 현행 특별 제도의 활용을 배제하지 않는다. 일원화가 적절한 차등과 소비자의 이익에 부합하는 차이를 배제하는 것을 의미하는 것도 아니다. 그에게 전혀 이득이 되지 않고 오히려 종종 고통과 혼란으로 이어지는 관료적 형식주의를 회피한다는 것을 의미한다.

46. 행정 책임의 일원화에는 사회보장부의 신설이 포함된다. (중략)

변화 3. 동일한 강제 기여금을 납부하더라도 공제조합과 노동조합의 보유금을 합해 급여 수급액을 다르게 제공하는 현재의 공인조합 방식을 대체한다. [현재 이들 조합은 조합원의 법정 외 임의급여뿐 아니라 국가 급여의 관리 책임을 맡고 있는 대행 기관으로서 상병급여를 제공한다].

48. 1911년에 제정된 국민보건보험(national health insurance)* 제도의 가장 중요한 특징 중 하나는 각각 별도의 재정을 가진 자율적인 공인조합에 의한 현금급여 관리이다. 1911년 법안의 초안에서는 공인조합은 특정 유형의 공제조합, 기타의 경우에 자금의 일부를 분할하지 않고 상병급여 및 보험 통계적 위험에 따른 기타 급여를 제공하는 조합에 한해 인정되어야 한다고 제안되었다. 이러한 자격 제한은 1911년 국민보험법(National Insurance Act)** 제23조 제1항 단서 조항으로 인해 삭제되었으며, 이 단서 조항으로 인해 어떠한 목적으로 등록되었든 간에 공인조합으로 별도의 관리 부서를 만들 수 있도록 허용되었다. 그리고 단서 조항이 아니었다면 배제되었을 다양한 종류의 분배조합 및 예금조합***뿐 아니라, 산재보험협회 즉 산업보증회사(Industrial Assurance Compa-

....

* 'national health insurance'는 현재 한국의 법제로 보면 '국민건강보험'이라 번역할 수 있으나, 영국의 NHS를 '국민보건서비스'로 널리 번역하고 있기에, 이 책에서는 '국민보건보험'으로 번역한다.
** 국민보험법은 1911년 영국의 아스퀴스(H. H. Asquith) 자유당 정부의 데이비드 로이드 조지(David Llyod George) 재무장관이 주도한 사회보장 입법이다. 건강보험과 실업보험으로 구성되며, 건강보험기금에는 피보험자인 노동자, 고용주, 국가의 3자 기여금을 충당했다. 이는 독일의 비스마르크가 도입한 사회보험을 모방한 것으로 정부의 역할은 제한적이었지만, 20세기 초반 자유당이 주도한 영국의 사회보장제도의 근간이 되었다.
*** 영국에서는 다양한 종류의 신용조합이 금융기관의 역할을 수행하는데, 대개 '빌딩 소사이어티(building society)'라고 부른다.

nies)와 징수협회(Collecting Societies) 등이 국민보건보험 분야에 진출하는 것이 가능해졌다. 법령에 의해 승인된 모든 조합에 부과된 중요한 조건은 다음과 같다.

(i) 협회가 수익사업을 행해서는 안 된다는 점

(ii) 각각의 업무는 회원들의 철저한 통제하에 이루어진다는 내용이 조합의 정관에 명시되어야 한다는 점

변화 4. 현재의 노동자 재해보상 체계를 대체하고 산업재해에 대한 대비 조항을 단일한 사회보험 체계 안에 포함한다. 단, (a) 이 조항에 따른 비용을 충족할 수 있는 특별 방안을 마련하고, (b) 장기적인 장애를 위한 특별 연금과 그러한 원인으로 인한 사망자의 부양가족에게 보조금을 지급해야 한다.

77. 1897년에 제한된 형태로 도입되어 1906년에 일반화된 노동자 재해보상제도는 위원회의 검토가 이루어진 다양한 제도 중 가장 오래된 것이며, 다른 모든 형태의 소득 중단에 대처하기 위해 채택된 방법들과는 원칙적으로 다르다. 고용 과정에서 발생하는 사고나 산업 질병으로 인한 피고용인의 소득 능력 상실에 대해 각 고용주에게 법적 책임을 지우고, 보통법의 일반 원칙에서 벗어나, 고용주의 직간접적인 과실이나 노동자의 과실에 상관없이 보상을 제공한다. 그것은 다른 사람의 과실로 인한 상해의 경우에 적용되는 보상 기준이 아니라, 고용주와 노동자 사이의 손실 분담 원칙에 따라 보상이 결정되며, 보상 금액은 피고용인의 평균 소득을 최대치로 하여 액수를 정한다. 고용주의 보상책임은 노동자 본인의 중과실 또는 고의에 의한 위법행위로 인한 상해가 사망,

중장해 또는 영구적인 장애의 결과로 나타나지 않은 경우에 한해 제외된다. 이외에 만약 사망 또는 중장해 또는 영구 장애의 결과가 나타난다면, 설령 고용주의 통제를 벗어난 사고이거나 심지어 노동자의 고의적인 위법행위로 인한 사고가 일어나는 등의 경우라 할지라도 고용주의 보상책임이 배제되지 아니한다. 고용주는 자신의 선택에 따라 자신의 보상책임에 대해 보험에 가입할 수도 있고, (1934년 이후 강제보험이 시행된) 탄광업을 제외하고는 보험에 가입하지 않을 수도 있다.

변화 5. 의학적 치료와 현금급여 관리를 분리하고, 모든 시민을 위한 포괄적 의료 서비스를 구축하며, 보건부가 모든 치료와 장애의 관리, 감독을 담당한다.

106. 이는 이 계획 가정 B의 첫 번째 부분, 즉 모든 시민을 위한 포괄적인 보건 및 재활 서비스에 대한 것으로서 이와 관련된 중요한 문제들은 426~437항에서 논의된다.

변화 6. 가정주부를 하나의 독립적인 보험 계층으로 분리한다. 이에 따라 가정주부는 자신의 특수한 욕구에 부합하는 급여를 수령할 수 있는 직업 종사자 계층의 하나로 인정된다. (a) 모든 가정주부는 결혼 보조금, 출산 보조금, 과부수당과 별거수당, 퇴직연금을 받는다. (b) 전업주부의 경우, 남편의 실업이나 장애 기간 동안 급여 혜택을 받는다. (c) 소득이 있는 경우에는 출산 보조금 외에 특별 출산급여를 받으며, 기혼 여성 예외 규정의 폐지로 인해 낮은 실업급여와 장애급여를 받게 될 것이다.

107. 인구 계층에서 직업을 통한 소득을 얻지 못하는 기혼 여성은 계층 III에 포함된다. 실업보험 체계에서 남편이 실직할 경우 남편의 급여가 증가한다는 관점에서 주부는 남편이 부양하는 성인 가족으로 이해되고 있다. 건강보험 체계에서는 출산의 경우를 제외하고 주부는 그 급여 청구의 주체로서 전혀 인정되지 않는다. 이러한 태도들 그 어느 것도 옹호할 수 없다. 기혼 여성의 대다수는 가사노동에 종사하지만, 그 노동이 없다면 남편은 직장생활을 통한 소득을 획득할 수 없으며, 국가 또한 유지될 수 없을 정도로 가사노동은 중요한 것으로 간주되어야 하며, 이러한 사실을 바탕으로 그들에 대한 사회정책적 대응이 마련되어야 한다. 이러한 점에 부합하여 '사회보장을 위한 계획'은 기혼 여성을 일종의 직업 종사자로 보아 특별 보험 등급으로 분류하고, 부부를 하나의 공동체로 취급한다. 아내가 없거나 아내에게 소득이 있는 경우 감액을 조건으로 그들에 대한 급여 및 연금의 기준이 마련된다. 이로 인해 아내는 피보험자에게 의존하는 '성년 부양가족'이라는 용어의 범위에 포함되지 아니한다. 남편과 아내 모두 공동체의 중요한 일원으로서, 남편의 기여는 그 자신과 자신의 아내를 위해 이루어진 것으로 다루어지며, 그 공동체를 위해 급여가 제공되는 것이다. 특별 계층으로서 주부에게 필요한 모든 다양한 급여를 위한 비용은 일부 남편의 기여로, 일부는 남편과 아내의 혼인 전후의 기여로 이루어진다. 필요한 급여의 성격은 혼인의 경제적, 사회적 의미를 어떻게 고려하느냐에 따라 달라진다.

변화 7. 장기적인 장애보험을 모든 유급직 종사자로 확대하고, 퇴직연금은 소득 취득 여부와 무관하게 모든 근로연령의 국민으로 확대한다.

118. 소규모 상점 주인, 곡예사, 어부, 노점상, 외지 노동자 등 많은 독립 노동자들(independent workers)은 고용계약에 의한 노동자보다는 가난하며, 그들의 수입은 건강 상태에 따라 크게 달라진다. 독립 노동자로서 근무하는 기간 동안에 소득이 없다 하더라도 노화로 인해 소득이 중단되는 경우에는 그들에게도 생계 소득에 대한 확실성이 있어야 하며, 근로 기간 전반에 걸쳐 이루어진 본인의 기여금 또는 그를 대신하는 기여금을 통해 생계 소득이 보장되어야 한다.

변화 8. 유급이든 혹은 무급이든 기존의 생계 수단을 상실한 모든 사람에게는 새로운 직업으로 이직이 용이하도록 교육훈련급여를 제공한다.

122. 현실적인 이유에서, 고용지원센터에서 행해지는 간단한 시험을 통해 근로 능력이 있는 것으로 판정을 받은 사람에 대한 통상적인 실업급여는 계층 I의 기여를 통해 실제로 고용에 의존하고 있음을 증명하는 사람으로 그 대상이 제한되어야 한다.

고용의 경우에만 소득은 일정 근무 일수와 밀접한 관련이 있게 된다. 농부, 상점주 또는 영업 관리자의 소득은 언제든지 발생할 수 있으며, 근무일에 그들이 얼마나 많이 일하고 얼마나 활동적으로 일하는지는 대부분 그들 스스로가 조정할 수 있다. 일정 기간 동안에 이루어지는 노동을 통해 소득을 얻는 경우와는 달리, 일하는 날도 있고 또 일하지 않는 날도 있는 방식으로 소득이 이루어지는 사람들의 소득을 일정하게 유지해주는 보편적인 체계를 마련하는 것은 불가능하다. 그러나 유급직 종사자로서 생계를 유지하기 어려운 경우뿐만 아니라 (계층 III

에 속하는) 주부, 그리고 (등급 IV에 속하는) 가족이나 친족을 위해 살림살이를 하면서 가정 형편의 변화를 모색하는 사람들처럼 무급 노동을 하면서 생계를 유지할 수 없는 사람들에 대한 보편적인 보장책이 마련되어야 한다. 이들에게는 일반적으로 교육훈련급여가 제공되는데, 이것은 제한된 기간 동안 지급되는 일종의 실업급여로서, 자산조사는 이루어지지 않지만 규정에 따라 교육훈련의 참여를 조건으로 지급된다.

변화 9. 실업, 장애의 급여액과 연금액을 동일하게 한다. 산업재해로 인한 장기적인 장애와 퇴직의 경우는 예외로 한다.

123. 급여의 차등을 정당화할 만큼 충분히 크고 분명한 다른 형태의 소득 중단에 영향을 받는 사람들의 최저생계 욕구들 사이에는 차이가 없다. 일원화는 피보험자에게 다른 종류보다는 어느 한 종류의 급여(말하자면 장애보다는 실업)가 개인의 사례에 실제로 부합하지 않지만, 급여가 더 높기 때문에 청구할 동기를 부여하지 않는 이점을 가지고 있다.

변화 10. 산업재해로 인한 장애를 포함하여 장애와 실업의 수급 요건으로서의 대기 기간을 동일하게 한다.

124. 실업, 산업재해, 상병 및 기타 사고 등으로 발생하는 소득 중단에 대한 세 가지 현행 보장 체계에서는 소득 중단 이후 최초 3일 동안 급여의 지급이 보류되는데, 일반적으로 이를 '대기 기간(waiting time)'이라고 표현한다. 어떤 형태로든 대기 기간은 세 가지 보장 체계 모두에서 발견되지만, 그 형태는 각각의 경우마다 다르게 나타난다.

산업재해로 인한 노동자 재해보상의 경우, 수입 중단이 총 4주 동안 지속되면 그때까지 보류되었던 최초 3일 동안의 급여를 소급하여 지급한다는 의미에서 대기 기간은 잠정적이다. 이와는 달리, 건강보험과 실업보험에서의 대기 기간은 확정적이다. 즉 상병 또는 실업의 기간이 오래 지속된다 하더라도 최초 3일 동안의 급여는 지급되지 않는다. 다만 이 경우에도 계속되는 상병과 실업의 기간을 정의하는 방식은 각각 다르다. 건강보험의 경우에는 대기 기간 동안의 급여가 추가급여로서 지급될 수도 있다는 점이 덧붙여지긴 했지만, 1939년 전체 보험 가입자 중 4% 정도만이 이에 해당될 정도로 그렇게 널리 활용되지는 않았다.

변화 11. 산업재해로 인한 장애를 제외한 장애급여와 실업급여의 기여 요건을 동일하게 하며, 연금 기여 요건을 개정한다.

127. 사회보험 체계의 급여, 연금 그리고 보조금을 수령하기 위한 기여 조건은 다음의 목적을 위해 필수적이다.
  (a) 비록 완전하지는 않더라도 보장을 위해서는 누구든지 보험료를 납부해야 한다는 보험 원칙을 유지하기 위해
  (b) 각자가 어떤 사회보장 계층에 속하는가를 정하기 위해
  (c) 각자의 이익을 위해 정기적으로 기여하도록 함으로써 기여금의 집행을 촉진하기 위해

변화 12. 실업급여는 일정한 실업 기간 이후에 고용지원센터 또는 교육훈련센터에 출석하는 요구 조건을 충족하는 한 수급액의 삭감 없이 무기한 제공하도록 설계한다.

변화 13. 장애급여는 특별한 행동 조건을 충족하는 한 수급액의 삭감 없이 무기한 제공하도록 설계한다.

변화 14. 산업연금을 제외한 연금은 퇴직 시에만 제공하며, 정년 즉 남성의 경우 65세, 여성의 경우 60세가 지난 후에도 계속해서 보험 기여금을 납부하는 경우에는 장래 수령 연금액이 매년 증가하도록 설계한다.

133. 이 제안의 근거는 3부 2절의 노후 문제에 대한 일반적인 논의에서 제시된다. 간략하게 설명하면,

(1) 직장에서의 퇴직을 연금 조건으로 하는 것은 적절한 연금 지급의 당연한 결론이다.

(2) 퇴직하지 않고 가능한 한 오래 일할 수 있도록 동기를 부여하는 것은 고연령층 인구 비율이 증가함에 따라 영국 사회가 감당해야 할 부담을 덜어주기 위한 필요한 시도이다.

(3) 자아실현 및 사회 발전 기여의 역할을 하는 직업을 지속적으로 유지할 수 있는 연령은 각 개인과 각각의 직업에 따라 다르다. 정년을 유연하게 하자는 제안은 경제적 현실뿐만 아니라 인간의 삶의 현실과도 맞닿아 있다. 유연한 정년 체계를 가지고 있는 적절한 연금은 여러모로 부와 행복을 증대시킬 것이다. 조기 퇴직하고 연금을 받는 것은 실업의 구제책으로서 바람직한 것도 유용한 것도 아니다. 놀고먹는 사람들은 가능한 한 적어야 한다. 이에 대해 두 가지를 언급하고자 한다.

134. 첫째, 어떤 특정한 직업에서는 조기 퇴직과 은퇴가 강제되는 이유가 있을 수도 있다. 가령 군대나 경찰에서 복무하는 것과 같이, 일부 직업들은 중년 이후의 남성들에게 적합하지 않은 경우도 있다. 또, 예를 들어 공공서비스 영역에서는, 이전 세대들이 이루어놓은 것들을 젊은 세대들이 일찌감치 책임감을 가지고 활용할 수 있도록, 정년 이전에 이전 세대들을 퇴직시키는 것이 바람직할 수도 있을 것이다. 그러나 이러한 이유들 중 어느 것도 일반 산업 직종 또는 사무직에 똑같이 적용되어서는 안 된다.

135. 둘째, 정년을 유연하게 만드는 것은 노동의 공급을 수요의 변동에 맞추는 한 가지 방법이다. 노인들은 호황기에는 일을 계속하고 나중에 퇴직하는 것이 더 나을 수 있으며, 불황기에는 일찍 은퇴해서 노동력 공급을 줄이려고 하는 경향이 있을 것이다. 정년 이후에 실업 및 장애급여를 받을 수 있는 기간을 제한해야 한다는 것은 이 제안의 핵심적인 부분이다.

변화 15. 농업, 은행, 금융, 보험업을 대상으로 하는 특별 실업보험 체계를 일반 사회보험 체계로 통합한다.

변화 16. 다음과 같은 보험 예외 조항을 폐지한다.

(a) 국가 및 지방 공무원, 경찰, 간호, 철도, 기타 연금 수급자 등 특정 직종에 종사하는 자와 실업보험을 받는 개인 가사 서비스 제공자
(b) 연간 420파운드 이상의 보수를 받는 사무직 종사자

변화 17. 무조건적이고 불충분한 과부연금을 과부의 다양한 욕구에 적합한 급여로 대체한다. 예를 들어, 모든 과부에게 특별 금액에 따른 임시 과부급여를 제공하고 훈련이 필요한 경우는 교육훈련급여를, 부양 아동이 있는 경우는 후견급여를 제공한다.

변화 18. 강제보험에 장례 보조금을 포함한다.

변화 19. 지역 당국이 보호시설에서 제공하는 치료와 서비스를 제외한 나머지 공공부조의 기능을 사회보장부로 이관한다.

161. 빈민법은 원래 모든 교구가 빈곤을 막아야 한다는 의무에 따라 제정된 법으로, 비교적 최근까지 욕구를 충족시키기 위한 기본적인 서비스였다. 그러나 지난 40년 동안 빈민법의 방식에서 벗어나, 국가 차원에서 관리가 이루어지는 기여 방식의 국가보험과 부조를 선호하는 경향이 강하게 나타났다. 이 보고서의 제안(새로운 계층과 새로운 욕구로의 국가보험 확장, 급여액 인상, 급여 기간 연장)을 통해 공공부조 및 부조위원회의 수급 범위가 상당히 줄어들 것이다.[*] 부조 수급자의 수도 감소하는 상황에서 완전히 동일한 기능(부조 지원금 지급)을 수행하는 두 개 이상의 대규모 조직이 유지되어야 할 이유는 전혀 없다. 따라서 균등화된 자산조사에 기초한 부조 지원을 관리하는 단일 기관이 필요하다고 제안하는 바이다.

....

[*]   공공부조 등의 수급자는 불구, 농아, 정신적 결함자, 부랑자, 아동을 양육하는 한 부모 여성, 그리고 행정관리가 어렵거나 비용이 많이 드는 실업자와 자영업자, 미혼 여성 등 사회보험 기여에서 제외된 일부에게만 해당된다.

변화 20. 시각장애인 지원 책임을 사회보장부로 이관한다. 사회보장부는 새로운 복지 지원 체계를 사회보장부, 지역 당국, 민간 기관의 협력을 통해 구성할 책임을 진다.

변화 21. 부조위원회의 기능과 간접세무국의 비기여연금 업무, 노동병역서비스부의 취업 알선 서비스를 사회보장부로 이관한다. 또한 실업보험을 포함해서 노동병역서비스부의 취업 알선 서비스 업무, 노동자 재해보상을 비롯한 기타 다른 부서들이 담당하고 있는 모든 현금급여 관리 업무 역시 사회보장부로 이관한다.

171. 사회보장의 관리를 위해 신설되는 부서의 정확한 형태를 최종적으로 결정하기 위해서는 정부 업무의 일반 조직을 참조하지 않을 수 없을 것이다. 그러나 다른 부처의 기능이 상당 부분 이 보고서에서 제안하는 새로운 사회보장부로 이전될 것이라는 점은 명백하다.

변화 22. 실업보험법정위원회를 사회보험법정위원회로 대체하여 유사하지만 광범위한 재량권을 부여한다.

176. 실업보험법정위원회는 실업보험과 관련하여 세 가지 주요 기능을 가지고 있다.
  (a) 실업기금 재정에 대한 관리 및 감독(이에는 기금의 수입 및 지출을 조정하기 위하여 입법 절차 없이 실시할 수 있는 급여 및 기여금의 변경을 권고하는 권한이 포함된다.)
  (b) 이해관계자들에게 발언의 기회를 부여한 후 제정되는 시행규칙 초

안에 대한 보고

(c) 장관의 지시에 따른 기타 문제들에 대한 보고

위원회는 7명의 위원으로 구성되고, 각 위원은 5년간 재임할 수 있으며, 그 기간 내에 해임될 수 없다. 위원 중 어느 누구도 하원에 소속될 수 없으며, 적어도 1명은 여성이어야 한다. 그중 2명은 고용주 단체 및 노동자 단체와 협의한 후 임명되며, 1명은 북아일랜드 정부와 협의한 후 임명된다. 위원회는 장관으로부터 독립된 기관이지만, 집행권은 없다. 위원회의 업무는 장관과 의회가 결정하는 사안에 대한 보고서 작성이다.

변화 23. 산업보장보험 업무를 산업보증위원회 산하 공공서비스로 전환한다.

3부

세 가지 특별한 문제

1절 급여액과 임대료의 문제

193. 사회보험에 의해 제공되는 급여나 연금 금액은 모든 경우에서 다음 가정에 따라 최저생계를 영위하기 위해 충분한 소득을 확보할 수 있어야 한다.

(a) 예외적인 최저생계 욕구를 충족시키기 위해 부조가 제공될 것이다.

(b) 최저생계 이상의 삶을 제공하기 위한 임의보험과 저축은 장려될 것이고, 또한 최저생계 이상의 삶을 살아가기 쉽게 만들 것이다.

나아가 부양자녀가 있는 부모가 급여 또는 연금을 받는 경우에도 모든 부양자녀에 대한 수당이 제공되어야 한다. 이 절에서는 아동의 최저생계에 필요한 수당의 금액에 대해서 깊게 숙고하여볼 것이다. 부모의 소득 유무와 관련된 아동수당에 대한 전반적인 문제들은 410~425항에서 논의할 것이다.

194. 최저생계를 영위하기 위해 최저소득을 결정하는 것은 앞서 언급한 가정에 의해 단순해졌음에도 불구하고 여전히 두 가지 측면에서 어려운 문제로 남아 있다.

  (a) 보험제도가 시행될 것으로 예상되는 시점의 생활을 영위하기 위한 생계비를 합리적으로 추정할 수 없다. 우리는 단지 전쟁 전의 물가로 최저생계 소득을 추정할 수 있을 뿐이며(편의상 1938년으로 추정한다), 전쟁 전의 수준 이상으로 물가가 상승한다고 가정하였을 때 이러한 추정치가 어떻게 변화할 것인가에 대해 말할 수 있을 뿐이다.

  (b) 생계비는 모든 가정마다 또는 국가의 모든 지역마다 동일하지 않다. 생계비 중 가장 크게 차이점이 발생하는 부분은 임대료에 관한 것이다. 이는 런던 그리고 잉글랜드의 나머지 지역과 스코틀랜드, 그리고 산업 분야의 가구들(households)과 농업 분야의 가구들 간에 현저한 차이를 보였다.

195. 임대료의 불평등에 의해 제시되는 문제는 급여 금액을 결정하기 위한 사전 준비 사항으로, 197~206항에서 논의할 것이다. 이후에는 근로연령층, 퇴직자, 청년, 근로연령의 청소년, 그리고 근로연령 이하의 아동들을 별도로 분리하여 최저생계 욕구에 대하여 고려할 것이다.

196. 이어지는 논의에서 알 수 있듯이, 실업과 장애에 있는 사람들의 최저생계 소득의 추정은 이미 알려진 전쟁 이전 물가를 기준으로 하더라도 어느 정도 판단의 문제라고 볼 수 있다. 또한 임대료 변동과 기타 생활 비용에 의하여 생계비의 주요 차이가 발생하기 때문에 보험급여액을 결정하는 데 단일 추정치가 여러 가구의 다양한 조건에 정확히 부

합할 수는 없다. 이 계산은 볼리(A. L. Bowley) 교수, 라운트리(S. Rowntree) 씨, 조지(R. F. George) 씨, 매기(H. E. Magee) 박사가 포함된 분과위원회와의 협의하에 이루어졌다. 임대료 이외의 항목에 대한 계산과 관련하여, 실업급여와 장애급여의 금액을 정하기 위해 1938년도 물가로 일반적인 최저생계비를 제공하는 것은 합리적인 근거가 있다는 이유로 분과위원회에 의해 승인되었다. 이와는 달리 임대료와 관련하여 분과위원회는 단일한 수치로는 욕구를 충족시키기 위한 과학적 근거로 정당화될 수 없다는 견해를 표명했다.

2절 노후 문제

233. 노후에 대처하기 위한 대비책의 성격과 범위를 확립하는 문제가 가장 중요하다. 또한 어떤 면에서는 사회보장과 관련된 모든 문제 중 가장 어려운 문제이기도 하다. 여기에는 두 가지 중요한 이유가 있다.

234. 첫째, 소득 능력을 상실하게 되는 원인으로서의 노화는 소득 상실을 가져오는 기타의 원인들을 합친 것보다 훨씬 더 큰 원인으로 작용하게 된다. 현재 진행되고 있는 전쟁 직전에, 영국에서는 남성의 경우 65세 이상, 여성의 경우 60세 이상 연금 수령이 가능한 연령의 인구가 실업이나 장애로 인하여 소득이 없는 근로연령의 남성과 여성 인구에 비해 약 두 배나 많았다. 연금 수령 연령층의 인구 비율 증가로 인하여 나머지 사회보장 항목에 비해 상대적으로 연금 비용이 불가피하게 증가할 것이다.

235. 둘째, 개인에 따라 노년의 경제적, 사회적 결과는 균일하지 않다. 노년에 극심한 빈곤을 겪을 수도 있고, 반대로 빈곤을 전혀 겪지 않을 수도 있다. 1936년 라운트리 씨는 요크시에서 노년으로 인한 빈곤이 다른 어떤 원인으로 인한 빈곤보다 더 심각하다는 사실을 발견하였다. 이는 1940년 보충연금제도가 도입되기 이전이다. 하지만 그 당시에도 대부분의 노인은 궁핍하지 않았다. 1936년 요크시의 모든 노령연금 수령자들 중 3분의 1만이 라운트리 씨가 제시한 인간 욕구의 기준 이하로 살아가고 있었다. 나머지 사람들은 자기 자신이나 가족의 다른 재원과 더불어 주당 10실링(10/-a week)의 연금으로 그 기준 이상을 유지하기에 충분하였다. 이러한 라운트리 씨의 주장은 1941년 말, 기여연금 또는 비기여연금을 가진 모든 사람 중 3분의 1이 조금 넘는 37%만이 보충연금을 신청하고 자격을 갖추었다는 사실과 부합하였으며, 나머지 3분의 2에 해당하는 사람들은 보충연금을 신청하지 않고도 생활을 영위할 수 있다고 판단하였거나, 자산조사에서 부적격 판정을 받았다. 보충연금을 청구하지 않았거나 받을 자격이 없는 연금 수령자 중에 주당 10실링을 받는 연금 수령자를 제외하고, 연금을 전혀 받지 못하면서도 공공부조를 신청하도록 안내받지 못한 노인들이 많다. 전쟁 직전 영국의 65세 이상 인구에서 거의 3분의 1이, 그리고 70세 이상 인구 중 약 5분의 1이 어떠한 형태로도 국가연금(state pensions)이나 공공부조를 받지 못했다. 이는 궁핍에 처해 있음에도 공공부조를 신청하지 않는 경우가 있다는 것을 의미한다. 즉 대부분의 경우 그들은 가족, 일자리, 저축, 그리고 일반적인 국가 제도 이외에 다른 방법으로 제공되는 연금들로 생활을 유지하고 있다는 것을 의미한다.

236. 앞서 언급한 특징들 중 첫 번째, 즉 노년 문제의 규모는 두 가지 함의를 가지고 있다. 한편으로는 연령에 대한 규정은 충분히 만족스러운 상황이어야 한다. 그렇지 않으면 많은 사람들이 피해를 볼 수 있다. 다른 한편으로는, 연금 금액에 매 실링이 더해질 때마다 비용은 전체적으로 매우 커질 것이다. 질병 예방과 청년들의 충분한 영양 섭취와 같은 다른 모든 필수적 요소에 대한 충분한 공급이 보장될 때까지 어떤 식으로든 노인들에게 너무 관대하게 제공하는 것은 바람직하지 않다.

237. 국가에서는 현재 연령에 대해 3중 연금제도(a threefold system of pensions)에 의해 처리한다.

(a) 자산조사 및 근로 여부와 관계없이 65세 남성과 60세 여성에게 지급되는 주당 10실링의 기여연금, 단 취업 경험이 있는 사람에 한함

(b) 자산조사 대상을 조건으로 70세에게 지급되는 10실링 이하의 비기여연금

(c) 비기여연금에 적용되는 것과 다른 자산조사를 거쳐 욕구를 충분히 충족하도록 설계되었으며, 앞서 언급한 두 종류의 연금 중 어느 한 종류의 연금 수령자로 한정되는 보충연금

이러한 방식은 권한의 분배와 자산조사 정책의 부당한 차이 외에도 두 가지 주요한 결함이 있다. 첫째, 70세 이전의 기여연금과 보충연금 모두 실질적으로 계층 I에 속하는 사람들에게만 제한된다. (중략) 기여연금과 보충연금은 일반적으로 자영업자나 자영업자의 아내, 과부, 또는 소득이 없는 사람이나 그의 아내에게는 제공되지 않는다. 1937년 이후 이러한 사람들은 연금을 받기 위해 특별히 임의보험에 가입할 수 있었지만, 이외에는 자산조사를 조건으로 하는 공공부조를 제외하고

는 그들의 노후를 위한 공적 급여의 제공은 없었다. 둘째, 만약 다른 자산이 없는 경우, 권리로서 주어지는 기여연금은 분명히 충분하지 않다. 동시에 아직 충분히 생계를 유지할 수 있는 사람들일 수 있기 때문에 종종 불필요하다.

238. 미래의 문제는 과거에 일한 사람들이 어떻게 궁핍에 대한 보장을 받을 수 있는가에 달려 있는데, 이는 최저생계비 이상의 기준을 유지하기 위해 자발적인 저축을 최대한 장려함과 동시에 다른 곳에 긴급하게 필요한 돈을 쓰지 않거나, 지역사회에 감당할 수 없는 재정적 부담을 주는 규모의 돈을 지출하지 않는 형태이다.

239. 그 이름에 걸맞게 모든 '사회보장을 위한 계획'은 모든 시민이 자신의 능력에 따라 근로 의무를 이행한다면 퇴직 후에도 자신의 생활을 유지할 수 있는 충분한 소득을 권리로서 청구(claim as of right)할 수 있도록 보장해야 한다. 이것은 사회보장 계획의 필수적인 부분으로, 연금 수급자가 다른 재원이 없더라도 최저생계를 유지하기에 충분한 퇴직연금을 제공하는 것을 의미한다. 이는 또한 연금 수급자가 재원이 있는 경우에도 차감되지 않은 연금을 제공하는 것을 의미한다. 이와 반대로 예외적인 욕구를 충족시키거나 최저생계 수준 이상의 안락한 생활을 유지하기 위해 임의보험이나 저축을 직접 장려하는 것은 이 보고서에서 제안된 '사회보장을 위한 계획'의 필수적인 부분이다.

240. 이는 '사회보장을 위한 계획' 초기부터, 과거 근로 경험이 있는 모든 사람에게 그들의 다른 재원을 고려하지 않고 최저생계 수준까지의

연금이 지급되어야 한다는 것을 의미하지는 않는다. 반대로 여러 가지 이유로 인해 권리로서 주어지는 적절한 연금제도의 운영은 점진적으로 실행되어야 한다는 점이 중요하다. 사회보장의 문제로서 노년이 갖는 특징 중 하나인 노년의 도래는 불가피하지만 대부분의 경우는 예견할 수 있다는 것이다. 의무적인 제도이건 다른 방법이건 기여 여부에 관계없이 노년에 대한 대책은 노년에 도달하기 전 오랜 기간에 걸쳐 이루어져야 한다. (중략) '사회보장을 위한 계획'은 기여 원칙을 기초로 한다. 기여 원칙은 그 자체로서 의미 있는 것이며, 실업, 상병 등 다른 형태의 위험을 대비하는 데 대중적인 정서에 부합하고 연금 문제와 관련하여 특별한 이점이 있다. 이 원칙으로 인해 권리로서의 전액 생계연금 지급의 연기는 정당하고 필요한 것으로 되며, 다음의 경우를 위해 유예가 주어진다.

(a) 전쟁으로 인해 감소된 사회 전체의 국민소득 증대를 위해

(b) 모든 시민을 위한 보편적 최저생계 연금의 설립에 필요한 경우, 현행 다양한 연금제도의 조정을 위해

(c) 임대료 변동으로 표시되는 최저 급여액과 적정 연금액을 결정하는 데 어려움을 해결하기 위해

연금 금액 상승의 과도기

241. 이러한 고려 사항은 현재의 부적절한 기여연금과 자산연금(means pensions)의 조합으로부터 모든 사람을 위한 적절한 기여연금으로의 전환이 달성될 수 있는 과도기가 필요하다는 점을 시사한다. 기여연금

의 도입은 초기부터 완전한 최저생계 수준의 보장이 아니라, 몇 년에 걸쳐 점진적으로 완전한 최저생계 수준까지 인상되며, 그 기간 동안은 개인의 욕구와 자산을 검토한 후 노인이 궁핍에 빠지지 않도록 보장하기 위해 부조연금을 지급할 것을 시사한다. (중략) 영국의 경우 제안된 과도기는 새로운 '사회보장을 위한 계획'이 시작되는 첫해인 1945년부터 자산에 관계없이 최대 잠정 금액에 따라 남녀 부부 40실링과 독신자 24실링의 기여연금이 권리로서 지급되는 첫해인 1965년까지 20년 가운데 한 해이다. 현재 보험제도와 다른 관계에 있는 사람들에 대한 과도기의 처우는 형평성과 행정 절차에서 어려운 문제를 야기할 수 있다. 이와 관련하여 고려해야 할 대상자는 세 가지 주요 집단으로 나뉠 수 있다. 연금 수령이 가능한 연령이 되면 연금을 받게 된다는 의미에서, 새로운 제도가 시행되는 경우 기존 제도에 의해 기여연금에 대한 완전한 자격을 갖추게 되는 집단이 있고, 다음으로 기존 제도하에서 연금에 대한 기여 자격이 전혀 없는 집단이 있을 수 있으며, 마지막으로 연금에 일부 기여를 하였지만 완벽한 자격을 갖추기에는 충분하지 않은 집단도 있다.

242. 기존 제도에 의하여 기여연금을 받을 수 있는 완벽한 자격을 갖춘 사람들은 이미 기여연금을 수령하고 있는 사람들과 1944년 7월 1일 기준으로 5년 연속 연금보험에 가입한 사람들이다. (중략) 두 번째 집단은 현재 연금에 대한 자격이 없는 사람들로, 주로 연금보험에 가입하도록 제안된 새로운 계층들이다. 즉 계층 II(근로계약이 아닌 다른 방식으로 소득이 있는 사람), 계층 IV(근로연령이지만 일하고 있지 않은 사람), 그리고 지금까지 보험에서 제외되었던 계층 I의 사람들이다. 이 모든 사람은

새로운 제도에 따라 처음으로 연금에 기여하게 될 것이다. (중략) 세 번째 집단은 1944년 7월 1일 이전에 기존 제도에 따라 연금에 대하여 의무적으로 일부 기여를 하였지만, 그때까지 5년 연속 보험의 자격을 완전히 갖추지 못한 사람을 포함한다. 여기에는 1937년 법에 따라 연금에 가입한 특별한 임의 기여자도 포함되며, 현재 조건에서는 기여 10년 후에 연금을 받을 수 있다. 이러한 계층들에 대한 엄밀한 처리 방식은 규정에 의해 정의되어야 하며, 이전 기여를 고려하여 첫 번째 집단과 두 번째 집단 사이에 적절한 중간 위치를 부여해야 한다. 이러한 규정은 정부가 제도의 채택을 발표하기 전에 피보험자가 일부 기여로 인해 중간 집단에 속한다는 주장을 입증하도록 요구할 것이다.

243. 242항의 제안은 기여연금의 증가 규모를 적용하는 데 첫 번째 집단의 사람들(기존 제도에 따라 완벽한 자격이 있음)과 두 번째 집단에 속한 사람들(기존 제도에 따라 자격이 없음) 간에 차이를 둔다는 것이다. 전자의 경우 단순히 시간의 경과에 따라 연금액이 증가한다. 이 집단의 모든 사람은 한 번에 동일한 금액의 기초 기여연금을 받게 될 것이다. 그들은 연금에 가입한 시점 및 새로운 제도에 따라 납부한 기여 횟수와 관계없이 연금 규모의 증가에 따라 그들이 받게 되는 연금액도 증가할 것이다. 후자의 경우에서 각 개인의 연금 금액은 단지 시간의 경과에 따라 증가하는 것이 아니라, 1954년 이후 연금을 받기 위해 퇴직하는 사람은 새로운 제도에서 납부한 기여액에 따라 연금액이 달라진다. 왜냐하면 기존 제도하에서 기여분이 없기 때문이다. 1955년이 되어 10년간 기여한 연금을 청구하는 이 집단의 사람은 14실링을 평생 기본연금으로 받게 된다. 이 사람의 연금은 1956년에는 인상되지 않을 것이며,

1956년까지 퇴직하지 않은 사람은 주당 14실링이 아니라 15실링을 받게 될 것이다. 두 집단 모두 단순히 시간이 경과함에 따라 연금을 인상하거나, 첫 번째 청구일(date of his first claiming)에 맞추어 개인별로 연금을 조정하는 등 양쪽 집단을 동등하게 대우해야 한다는 논쟁이 있을 수 있다. 두 번째 집단과 관련하여 제안된 방법의 경우, 전반적으로 이 집단에 속하는 사람들의 상당수가 다른 방식으로 연금을 제공받게 될 것이다. 그렇기 때문에 엄격한 기여 조건을 적용하는 것은 불합리하지 않다고 생각한다. (중략) 나아가 두 집단 사이의 형평성을 고려하여 두 번째 집단과 첫 번째 집단을 동일한 방식으로 취급하고 연금 청구 일자, 기존의 기여, 또는 새로운 기여에 관계없이 모두 일반적인 증가 규모에 따라 지급한다면 1965년 연금 지출은 연간 약 1,500만 파운드 증가할 것이다. 반면에 두 번째 집단에 제안된 방법을 첫 번째 집단에 적용하는 것이 바람직하고 실행 가능하다고 판단되는 경우, 연금을 청구한 날짜와 새로운 제도하에 납부된 기여금에 따라 첫 번째 집단의 기본연금을 달리한다면 1965년 연금 지출은 약 3,000만 파운드 감소할 것이다.

퇴직 조건부 연금

244. 연금은 과거에 일을 한 사람들을 위해 지급되는 것이라고 앞에서 언급하였다. 다른 자산 없이 최저생계를 영위하기에 충분한 연금은 퇴직 최소 연령에 도달한 후 실제로 일에서 퇴직한 사람에게만 지급해야 한다. 65세에 도달한 남성이나 60세에 도달한 여성 모두에게 최저생계 소득 전액을 제공해주는 것은 그 연령 미만의 모든 국민에게 부당하고

해로운 부담을 주는 것이다. 퇴직 조건부 연금의 현실적 문제는 다음과 같다. 그것은 확실히 해결할 수 없는 문제는 아니며, 연금 수령을 위해 퇴직 조건을 부과하는 것을 자산조사로 간주할 수 없는 것은, 실업급여를 받기 위해 취업을 할 수 없다는 조건을 부과하는 것을 자산조사라고 간주할 수 없는 것과 마찬가지이다. '사회보장을 위한 계획'에서 제안된 연금은 퇴직연금이지 노령연금이 아니다. 정년은 정해져 있지 않고 남성 65세, 여성 60세로 연금 수령 최저연령(minimum pensionable age)만 정해져 있으며, 그 당시 또는 이후에 각 개인이 퇴직하고 연금을 청구할 수 있다. 기여 금액은 모든 사람으로부터 동일한 방식으로 납부되어야 한다.

245. 퇴직을 조건으로 연금을 수령하는 것은 퇴직을 장려하거나 촉진하기 위한 것이 아니다. 오히려 연금을 관리하는 입장에서 연금 수령이 가능한 연령에 도달한 후에도 계속 일할 수 있는 모든 사람에게 근로를 장려하고 퇴직과 연금 청구를 연기하도록 하는 것이다. 연금 수령 연령에 도달한 65세 이상 남성과 60세 이상 여성의 비율이 전체 인구에서 크게 증가하고 있어 가능하면 평균 퇴직연령을 높이는 것이 필수적이며, 어떤 경우에도 현재보다 더 일찍 퇴직할 수 있는 일이 발생하지 않도록 하는 것이 필요하다. 연금 수령의 법정 최저연령을 높이는 것은 정치적으로 실현 가능하지도 않고 옳지도 않다. 노년에 일할 수 있는 사람들의 능력은 개인마다 다 다르다. 사람들이 일에 대한 능력과 열망이 부족해지기도 전에 퇴직을 강요하고 연금 수령 최저연령을 높여 근로 능력을 상실한 후 생존을 위해 분투하도록 강요하는 것은 인간의 행복을 증진시키기 위해 고안된 모든 사회보험제도가 피해야 할 오류와

부정의(injustices)이다. 퇴직을 연기하도록 장려하는 올바른 방법은 사람들이 연금 수령 최저연령에 도달한 후에도 일할 수 있는 사람들은 더 일을 하는 것을 매력적으로 느끼도록 만드는 것이다. 정년이 지나도 연금 수령을 청구하지 않고 계속해서 일을 한 사람에게는 연금 수령 최저연령 당시에 신청했다면 제공되었을 기본 연금액에 더하여 본인의 추가 기여분만큼 더 받을 수 있도록 허용되어야 한다. 퇴직 조건 없이 연금을 지급하는 것은 노년에 근로를 지속하도록 장려하려는 목적을 달성하지 못한다. 만약 이 연금들이 최저생계를 영위하기에 충분하다면 사람들은 확실히 퇴직을 고려할 것이다. 조건 없는 연금이 충분하지 않더라도 많은 경우에 이른 퇴직을 조장할 것이다. 개인의 선택에 따라 더 빠르거나 더 늦게 연금을 수령할 수 있는 일부 퇴직연금제도가 있다. 국가에서 보편적으로 무조건 연금을 제공하면 많은 사람이 이를 다른 연금과 함께 제공받고 퇴직하게 될 것이다.

4부

사회보장 예산

265. 이 보고서에서 제안된 '사회보장을 위한 계획'은 무엇보다도 소득 유지를 위해 국가부조와 임의보험을 보조 수단으로 하여 사회보험이 어떻게 구성되어야 하는지에 대한 계획이다. 구성 방식은 매주 급여나 연금으로 지급되는 정확한 금액과는 무관하다. 금액에 관한 질문에 대하여 명확한 결정을 내리는 것은 현재로서는 어려울 수 있다. 왜냐하면 미래의 물가 수준이 불분명하기 때문이다. 최종적인 금액은 운영 시기와 조건을 알 수 있을 때 사회보장 계획에 기재되어야 한다. 그러나 여러 가지 이유로 물가 수준에 대한 합리적인 가정에 따라 적절한 급여 또는 연금 금액을 제시할 필요가 있다. 오직 금액을 제시함으로써 서로 다른 등급의 급여와 생활 비용의 관계를 보여줄 수 있다. 이러한 방법만이 주어진 급여 등급이 요구하는 기여 등급이 될 수 있으며, 연금 체계의 다른 당사자들 간에 제안된 총비용의 분배 방식을 간단명료하게 설명할 수 있다.

조세 및 기여금

272. 이러한 자료들에 대한 논의에 앞서, 사용하는 용어에 관한 의미를 간략하게 말하는 것이 이해를 도울 것이다. 조세(taxation)와 보험 기여금의 차이는 다음과 같다. 조세는 납세자가 받을 것으로 기대할 수 있는 가치보다는 납부할 수 있는 능력과 관련되거나 연관성이 있어야 한다. 반면에 보험 기여금은 급여의 가치와 관련되거나 연관성이 있어야 한다. 납부 능력과는 관련이 없어야 한다. 보험은 임의보험과 의무보험으로 보다 더 구분할 수 있다. 임의보험의 기여금은 위험의 정도에 따라 어느 정도 조정되어야 하는 보험료이다. 낮은 위험을 지닌 사람들은 높은 위험을 지닌 사람들보다 동일한 급여액에 대하여 더 적은 비용을 지불하도록 허용되어야 한다. 그렇지 않으면 사람들은 보험에 가입하지 않을 것이다. 의무보험의 경우 기여금은 위험의 정도에 따라 달라질 수도 있지만 그렇게 할 필요는 없다. 이 문제와 관련된 고려 사항은 86~87항에서 논의된다. 현재의 목적을 위해 가능한 사회보장 재원의 세 가지 원천을 감안하면 의무보험에서 위험에 대한 기여금의 조정(adjustment) 문제는 부차적이다. 가장 큰 문제는 조세와 보험 기여금 사이에 있다. 조세는 자산에 대한 고려를 의미한다. 동일한 급여에 대한 보험 기여금은 위험에 따라 달라지든 그렇지 않든 납부하는 사람의 자산에 따라 달라져서는 안 된다.

274. 기여의 원칙은 영국에서 가장 광범위하게 피보험자를 대표하는 모든 단체, 특히 공제조합전국연맹(the National Conference of Friendly Societies)과 노동조합회의(the Trades Union Congress General Council)*

에서 강조되거나 받아들여졌다. 이러한 견해 표명에 따라 다음과 같은 이유에 의하여 '사회보장을 위한 계획'의 가장 중요한 특징으로 유지되고 있다. 이러한 이유는 세 가지로 요약될 수 있다.

(i) 피보험자는 자신 스스로 납부할 수 있고, 납부하기를 원하며, 납부하지 않는 것보다 납부하는 것을 선호한다. 자산을 고려하지 않고 기여하는 것이 자산조사를 거부하는 가장 큰 이유라고 생각하며 그것이 올바르다고 생각한다.

(ii) 사회보험기금은 정의된 책임(responsibilities)과 정의된 소득원(sources of income)으로 독립적으로 유지하는 것이 바람직하다. 국민은 피보험자로서 일정 기여금에 대해 일정 급여액 이상을 받을 수 없음을 인식해야 하고, 경제적 행정 수단을 지원하려는 동기가 있어야 하며, 국가를 아무도 납부할 필요가 없는 선물의 분배자(the dispenser of gifts)로 간주하도록 가르쳐서는 안 된다.

(iii) 개인별로 보험 문서에 기여금을 요구하는 것은 행정적으로 편리하다. 특히 모든 국민을 대상으로 적용되며, 사람들의 다양한 생활방식을 고려하여 분류하고, 욕구에 따라 다른 급여를 제공하는 제도에 적합하다. 기여금은 특정 급여에 대한 자격이 있다는 피보험자의 청구를 검토할 수 있는 기록을 자동으로 제공한다.

....

* 영국의 노동조합회의(TUC)는 1868년 결성된 가장 대표적인 전국적 노동조합 연합이다. 노동조합회의는 1900년 노동당의 결성에 가장 주도적 역할을 수행했으며 강력한 정치적 기반이 되었다.

삼자주의적 기여 제도

277. '사회보장을 위한 계획'의 재정은 1911년에 수립된 삼자주의적 기여 제도(Tripartite Scheme of Contribution)의 연속성을 기반으로 한다. 이 제도는 30년 동안 시행되었으며 일반적으로 수용되고 있다. 이 사회보장 계획에는 기여를 통하여 확보된 모든 급여가 지급되고, 자금이 두 주요 줄기로 흘러가는 사회보험기금의 구성이 담겨 있다. 하나는 계층 I의 피보험자와 고용주의 공동 기여금, 또는 계층 II와 계층 IV의 단독 피보험자를 나타내는 보험 소인의 판매로 생겨난 것이다. 다른 하나는 일반 조세로 조달된 자금 중 국고에서 기여금으로 나온다. 위험 산업의 산업 부담금(Industrial Levy, 89항)은 세 번째로 작은 흐름을 제공할 것이다. 전부는 아닐지라도, 대부분의 근로연령 시민들은 두 가지 방법으로 납부할 것이다. 하나는 자산에 관계없이 모든 사람이 동일한 급여액에 대하여 동일한 보험 기여금을 납부하는 것이고, 다른 하나는 사람들이 자산에 맞게 조정된 직접적 또는 간접적 국세로 분담하는 것이다. 고용주도 세 번째의 역할을 맡은 당사자로서 납부할 것이다. 사회보험기금은 하나이지만 42항에서 설명한 것처럼 다른 목적을 위하여 별도의 계정을 갖게 될 것이다.

피보험자의 기여금

287. 사회보장에 대한 재정적인 부담을 세 당사자에게 어떻게 분할할 것인가 하는 세 번째 질문이 남아 있다. 이 보고서에서 제시된 분할이

신성불가침한 것은 아니다. 이는 토론과 논쟁의 토대에 불과할 뿐이다. 피보험자나 국고의 비용을 들여서라도 고용주의 기여금을 줄여야 한다는 논쟁이 가능하다.

5부

사회보장을 위한 계획

가정, 방법, 원칙

300. 사회보장의 범위 : 여기에서 '사회보장'이라는 용어는 실업, 상병이나 사고로 수입이 중단될 때 수입을 대체하고 고령으로 인한 은퇴와 양육자의 사망으로 인한 부양 상실에 대비하며 출생, 사망, 결혼과 같은 이례적인 지출에 대처할 수 있도록 소득을 보장하는 것을 의미한다. 사회보장의 주된 목적은 최저소득의 보장이다. 하지만 소득 제공은 가능한 한 신속하게 소득 중단의 상황을 끝낼 수 있도록 고안된 조치와 함께 이루어져야 한다.

301. 세 가지 가정 : 바람직한 사회보장 체계를 만들기 위해서는 반드시 다음의 가정들에 기반해야 한다.
　(a) 15세 이하의 아동, 또는 전일제 교육을 받는 16세 이하의 아동을 대

상으로 하는 아동수당

(b) 질병의 예방과 치료, 노동 능력의 회복을 위해 공동체의 모든 구성원이 이용할 수 있는 포괄적인 보건 및 재활 서비스

(c) 고용 유지, 즉 대량 실업의 방지

이 세 가지 가정을 제시하는 근거, 이 가정들을 충족시키기 위한 방법, 이 가정들과 사회보장 체계의 관계는 6부에서 논의된다. 아동수당은 320~349항에서 설명되는 모든 보험급여와 연금에 추가될 것이다.

302. 사회보장의 세 가지 방법 : 이 세 가지 가정에 따라 '사회보장을 위한 계획'은 다음과 같은 뚜렷이 구별되는 세 가지 방법을 결합시킨다. 기본 욕구(basic needs)를 위한 사회보험, 특수한 경우를 위한 국가부조, 기본 욕구 이상을 대비하기 위한 임의보험. 사회보험은 피보험자가, 혹은 (고용주 또는 국가가—옮긴이) 피보험자를 대신하여 사전에 납부한 강제보험 기여금을 조건으로, 청구 시점의 개인 자산과 무관하게 현금급여를 제공하는 것을 의미한다. 사회보험은 세 가지 가운데 가장 중요한 방법이며, 가능한 한 포괄적이어야 한다. 하지만 사회보험이 소득을 보장하는 주된 수단일 수 있고, 주된 수단이어야 하지만, 유일한 수단이 되어서는 안 된다. 사회보험은 국가부조와 임의보험으로 보완되어야 한다. 국가부조는 청구 시점에 욕구가 입증된다면 보험료 납부 이력과 무관하게 개인의 생활 형편을 고려하여 국고에서 현금급여를 제공하는 것을 의미한다. 사회보험의 보장 범위가 아무리 넓다 하더라도, 부조는 사회보험을 보충하는 필수 불가결한 방법이다. 사회보험과 국가부조에 더해 임의보험이 존재한다. 국가가 조직하는 사회보험과 국가부조는 서비스를 통해 생존에 필요한 기본소득(basic income)을 보

장하도록 설계된다. 사람들은 계층별로 실제 소득도, 또 그에 따른 평균 지출 수준도 크게 다르다. 이 높은 기준에 대비하는 것은 기본적으로 개인의 몫이다. 즉 자유 선택의 문제이자 임의보험의 영역이다. 국가는 국가정책에서 반드시 그러한 임의보험의 여지를 남기고 임의보험을 고무해야 한다. 사회보험 체계는 '사회보장을 위한 계획'에서 가장 큰 부분을 차지한다. 따라서 이 보고서의 대부분도 사회보험을 설명하는 데 할애되지만 국가부조와 임의보험도 사회보장 계획의 일부다.

303. 사회보험의 여섯 가지 원칙 : 사회보장의 주된 방법인 사회보험 체계는 다음의 여섯 가지 기본 원칙을 구현한다.

- 정액 최저생계 급여(Flat Rate of Subsistence Benefit)
- 정액 기여(Flat Rate of Contribution)
- 행정 책임의 일원화(Unification of Administrative Responsibility)
- 급여의 적절성(Adequacy of Benefit)
- 포괄성(Comprehensiveness)
- 계층 분류(Classification)

304. 정액 최저생계 급여 : 사회보험 체계의 첫 번째 기본 원칙은 실업이나 장애로 중단되거나, 혹은 퇴직으로 종료된 소득의 양과 무관하게 정액의 보험급여를 제공하는 것이다. 단, 산업재해로 초래된 장기적인 장애는 예외로 한다. 이 원칙은 사회보장에서 임의보험의 역할과 중요성을 인식하는 것에서 비롯된다. 이 원칙으로 인해 영국의 체계는 뉴질랜드를 제외한 독일, 소련, 미국 등 다른 나라의 보험 체계와는 상이한 특징을 지니게 될 것이다. 정액 급여 원칙은 실업, 장애, 퇴직을 비롯하여

수입 중단을 초래하는 모든 주요한 경우들에 동일하게 적용된다. 출산과 과부의 경우는 일시적으로 보다 더 높은 금액의 급여가 제공된다.

305. 정액 기여 : 사회보험 체계의 두 번째 원칙은 각 피보험자 혹은 그의 고용주에게 자산과 무관하게 정액의 강제 기여금을 부과하는 것이다. 모든 피보험자는 부유하건 가난하건 동일한 보장을 위해 동일한 액수의 기여금을 납부한다. 자산이 많은 사람은 납세자로서 국가에 더 많은 세금을 냄으로써 사회보험기금의 국가 분담분에 더 많이 기여하는 방식으로 보다 많은 부담을 지게 될 것이다. 이 특징으로 영국은, 최근 뉴질랜드에서 수립된 보험 체계와는 다른 사회보험 체계를 가지게 될 것이다. 뉴질랜드에서 납부금은 소득에 따라 누진되는데, 이는 결과적으로 특정 서비스에 소득세가 부과되는 것과 같다. 또한 기여금은 특정 개인이나 고용 형태에 영향을 미친다고 여겨지는 위험도와 무관하게 정액으로 부과될 것이다. 단, 예외적으로 고위험 직종의 경우, 위험과 종업원 수에 비례하는 세금을 부과하는 방식으로 산업 장애급여 및 연금의 특별 비용(special cost)에 대한 고용주의 부담분을 증가시킬 수 있다(86~90항, 360항).

306. 행정 책임의 일원화 : 세 번째 기본 원칙은 효율성과 경제성을 위해 행정 책임을 일원화하는 것이다. 각 피보험자에게는 모든 보험급여에 대해 주당 1회 기여금이 부과될 것이다. 각 지역에는 모든 보장과 관련된 보험 청구와 세부 사항을 처리할 수 있도록 사회보장사무소(Security Office)가 설치될 것이다. 현금급여는 종류에 따라 지급 방법이 상이할 것이다. 피보험자의 상황을 고려하여 집에서 지급이 이루어질 수도 있고

필요하다면 다른 곳에서 이루어질 수도 있을 것이다. 사회보험기금이 모든 기여금을 징수하고 모든 급여와 기타 보험금을 지급하게 될 것이다.

307. 급여의 적절성 : 네 번째 기본 원칙은 급여의 액수와 제공 기간이 적절해야 한다는 것이다. 정액 급여는 보통의 경우라면 그것만으로도 추가적인 자원 없이 생계를 유지하기에 충분한 최저소득을 제공하도록 고안되어야 한다. 정액 급여로 추가적인 임의보험의 여지가 생기고 근거가 마련된다. 하지만 어떠한 경우에도 정액 급여가 임의보험을 전제로 성립되어서는 안 된다. 급여의 제공 기간 또한 적절해야 한다. 즉 일시적인 우발적 경우가 아니라면, 급여는 욕구가 지속되는 한 자산조사 없이 무기한 계속될 것이다. 물론 소득과 직업 중단의 연장에 따라 급여 조건과 처우는 바뀔 수 있다.

308. 포괄성 : 다섯 번째 기본 원칙은 사회보험이 보장받는 사람들의 범위나 욕구 모두에서 포괄적이어야 한다는 것이다. 어떤 위험이 매우 일반적이거나 일률적이어서 사회보험으로 보장하는 것이 정당하다면, 국가부조나 임의보험의 몫으로 남겨두어서는 안 된다. 국가부조는 임의보험 가입이나 개인 저축을 저해할 수도 있는 자산조사를 수반하며, 임의보험이 위험을 완전히 보장할 것이라고 결코 확신할 수 없기 때문이다. 더욱이 장례 관련 직접 비용처럼 매우 일반적이고 일률적이라서 강제보험에 적합한 욕구의 경우, 사회보험이 임의보험보다 관리하기에 보다 경제적이다.

309. 계층 분류 : 여섯 번째 기본 원칙은, 사회보험이 비록 단일하고 포

괄적이라 하더라도 공동체 내 여러 상이한 계층의 서로 다른 생활방식을 고려해야 한다는 것이다. 예컨대 고용계약에 따른 고용 수입에 의지하는 사람들, 고용 이외의 수입에 의존하는 사람들, 주부처럼 반드시 필요한 일이지만 대가를 받지 않고 무급 서비스를 제공하는 사람들, 근로연령에 아직 도달하지 못한 사람들과 과거의 소득에 의지하는 사람들의 생활방식은 서로 다를 것이다. 여기서 '계층 분류'라는 용어는 보험이 이 계층들 각각의 상이한 처지에 부합하고, 또 각 보험 계층 내에 존재하는 다양한 욕구와 상황에 부합하도록 조정되어야 한다는 것을 표현하기 위해 사용된다. 그러나 보험 계층이 사회 계층이나 경제 계층은 아니다.

사람들과 그들의 욕구

310. 여섯 개의 인구 계층(population classes) : '사회보장을 위한 계획'은 사람들과 그들의 욕구를 헤아리는 일에서 시작된다. 사회보장의 관점에서, 영국 국민은 대략 다음과 같은 여섯 가지 주요 계층으로 분류된다. I-피고용인, II-기타 유급직 종사자, III-주부, IV-기타 근로연령 인구, V-근로연령 이하 인구, VI-근로연령 이상의 퇴직자. 각 계층의 정확한 정의와 계층 간 범위, 계층 이동 규정은 314~319항에서 상세하게 논의된다. 각 계층의 대략적인 규모와 계층별 보장 욕구는 아래 항에서 바로 열거되고 있으며, 〈표 XVI〉에서도 확인할 수 있다. 의료, 장례와 같은 욕구는 모든 계층에 공통적이다. 이외에도 계층 V(근로연령 이하 인구)의 사람들에게는 아동수당이, 계층 VI(근로연령 이상의 퇴직자)의

사람들에게는 연금이 필요하다. 이 두 계층에게 사회보험을 위해 비용을 분담하라고 요구할 수는 없다. 다른 네 가지 계층 모두 계층별로 상이한 욕구를 가지고 있다. 하지만 이러한 욕구를 보험으로 보장받기 위해서는 욕구에 따른 보험료를 분담해야 한다. 계층 I(피고용인)은 의료, 장례비, 연금에 추가해 어떤 원인으로 발생한 것이든, 실업과 장애로 인한 소득 중단을 보장받아야 한다. 계층 II, 즉 피고용인을 제외한 유급직 종사자들은 고용 상실을 보장받을 수 없다. 하지만 의료, 장례비, 연금에 더해 장애로 인한 소득 상실을 대비할 필요가 있으며, 생계 상실에 대해서도 얼마간 대비할 필요가 있다. 유급 근로를 하지 않는 계층 III(주부)은 장애를 비롯한 기타 요인에 의한 소득 상실을 보상받을 필요는 없다. 하지만 이들은 의료, 장례비, 연금 같은 공통의 욕구들에 더해 결혼에서 비롯되는 다양한 특수 욕구를 가진다. 계층 IV(기타 근로 연령 인구)는 이질적인 계층으로, 생애 전체로 보면 사람들이 계층 IV에 속하는 기간은 상대적으로 길지 않다. 이들 모두 의료, 장례비, 퇴직을 대비해야 하며, 새로운 생계 수단을 찾는 데 따르는 위험도 대비해야 한다.

311. 사회보장 욕구의 주요 원인 : 사회보장이 필요한 주요 욕구는 여덟 가지다. 여기에서 기혼 여성의 여러 가지 욕구들은 종합해서 하나로 계산했으며, (가정 A에 따라) 아동의 욕구와 (가정 B에 따라) 보편적이고 포괄적인 의료와 재활의 욕구를 포함시켰다. 사회보장 체계는, 아래에서 제시되는 이 여덟 가지 욕구 각각에 대해 별개의 보험급여나 공통의 급여를 제공한다. 보험급여가 어떤 이유로 부적절하거나 존재하지 않는다면 그러한 특정 욕구를 충족시키기 위해 부조가 도입될 수도 있다.

실업 : 고용에 의지해서 생계를 유지하고 신체적으로도 고용에 적합한 사람이 고용에 실패한 경우를 말한다. 이사 및 임대료 보조금, 실업급여를 보장받는다.

장애 : 근로연령의 사람이 질병이나 사고로 유급 직업을 얻을 수 없는 상황을 말한다. 장애급여와 산업연금을 보장받는다.

유급 고용에 의지하지 않는 사람에게 생계 수단의 상실이 발생한 경우, 교육훈련급여를 보장받는다.

고령으로 유급 혹은 무급의 직업에서 퇴직하는 경우, 퇴직연금을 보장받는다.

여성의 결혼으로 인한 욕구는 주부정책(Housewive's Policy)에 따라 다음과 같은 보장을 받는다.

(1) 결혼의 경우, 결혼 보조금을 받는다.

(2) 출산의 경우, 모든 여성이 출산 보조금을 받는다. 유급 직업에 종사하는 기혼 여성이라면 출산 전후에 걸쳐 출산급여를 받는다.

(3) 실업, 장애 또는 퇴직으로 남편의 소득이 중단되거나 정지되는 경우, 남편과 급여나 연금을 공유하도록 보장받는다.

(4) 과부의 경우, 상황에 따라 다양한 보장을 받는다. 예를 들어 일시적인 과부 재적응 급여, 아동을 돌보는 경우라면 후견급여, 돌볼 아동이 없는 경우라면 교육훈련급여를 받는다.

(5) 별거, 즉 합법적 이혼이나 만성적 유기로 남편의 부양을 받을 수 없는 경우, 별거급여, 후견급여, 교육훈련급여를 포함하여 과부 보장 급여들이 적용된다.

(6) 질병으로 가사노동을 할 수 없는 경우, 치료의 일환으로 유급 가정부를 지원받는다.

자신 혹은 자신이 책임져야 하는 모든 사람의 장례 비용으로, 장례 보조금을 보장받는다.

아동의 경우, 아동수당을 보장받는다. 전일제 교육을 받는 아동이라면 16세까지 아동수당을 받는다.

신체적 질병이나 장해의 경우, 포괄적 의료 서비스를 통해 자신과 부양가족에 대한 의학적 치료와 치료 후 재활을 보장받는다.

312. 기타 욕구들 : 311항에서 기술된 욕구들은 매우 일반적이고 일률적이어서 확실히 강제보험을 적용하기에 적합한 대상들이다. 하지만 역사적인 이유로, 근로 중에 발생하는 치명적 산업재해를 산업 보조금(industrial grant)으로 대비하는 것은 문제가 있다. 이와 유사한 다른 많은 욕구와 위험들은 임의보험에 적합할 정도로 충분히 일반적이며, 이미 다양한 정도로 임의보험의 보장을 받고 있다. 여기에는 생명 및 양로보험(life and endowment insurance)*에 의해 보장되는 다양한 유형의 우발적 사고들이 포함되며, 화재, 도난 혹은 사고의 위험들도 포함된다. 그뿐만 아니라 휴가와 교육 같은 예외적 지출도 포함된다.

313. 용어 설명 : 사회보장을 제공하기 위해서는 인구를 여러 계층으로 분리해야 한다. 그러나 이러한 계층을 보다 면밀히 정의하기 전에 다음

....

* 생명보험(life insurance)에는 i) 사람의 생존을 보험사고로 하는 생존보험, ii) 사람의 사망을 보험사고로 하는 사망보험이 있으며, iii) 양자의 혼합형이 있다. 이 중 세 번째, 즉 피보험자가 일정한 연령에 달하는 것과 그 연령에 도달하기 전에 사망하는 것, 이 양자를 보험사고로 하는 경우를 혼합보험이라 하는데, 한국의 상법 제735조(양로보험)가 그 예이다. 이 조항은 "피보험자의 사망을 보험사고로 한 보험계약에는 사고의 발생 없이 보험 기간이 완료한 때에도 보험 금액을 지급할 것을 약정할 수 있다"라고 규정되어 있다.

세 가지 용어를 먼저 설명할 필요가 있다. '예외(Exception)'는 특정 유형의 사람들이 특정 계층에 포함될 것 같지만 제외되는 것을 의미한다. 예외는 개별적이 아닌 일반적인 사안이라서 계층 정의에 영향을 미친다. '유예(Exemption)'는 특정 계층에 속하는 어떤 사람이 소속 계층의 기여금 납부를 개별적으로 면제받는 것을 의미한다. 그가 고용관계에 있다면 그의 고용주는 여전히 기여금 납부 책임을 져야 한다. 하지만 이러한 고용주의 기여금 납부가 피보험자의 급여 청구 판단에 반영되지는 않는다. '면제(Excusal)'는 피보험자와 그의 고용주가 여느 때라면 납부했어야 하는 기여금이 요구되지 않으나 급여 수급을 위한 기여 조건 충족을 위해 납부한 것으로 간주하는 것을 말한다. 일반적으로 면제는 피보험자가 실업 상태이거나 근로가 불가능한 상황에 처했다는 사실을 입증한 경우로 제한된다. 유예와 면제는 363~364항에서 보다 상세하게 다뤄진다.

314. 피고용인(계층 I) : 일반적으로 이들은 수습직을 비롯하여 근로계약으로 받는 급료에 생계를 의지하는 사람들이다. 이 계층의 정확한 범위는 특정 예외와 포함 규정에 의해 조정된다. 유예 규정도 존재한다. 즉 계층 I에 속하는 근로를 수행하는 사람은 자신의 납부금 지불을 유예받을 수 있지만, 그의 고용주는 계속해서 납부금을 지불해야 한다. 이 계층의 피보험자는 고용 장부(employment book)를 소지하고 고용주에게 제시하여 날인을 받아야 한다.

무엇보다도 가족의 일원이 같은 가구에 속하는 다른 가족 구성원을 고용하는 가족 고용의 경우 이 계층에서 제외할 것을 제안한다. 이는 기존의 농업실업보험(agricultural unemployment insurance)에서 아버지, 아들, 딸 등에 적용되던 제외 규정을 발전시킨 것으로, 허위 수급 청구를 예방하기 위한 것이다. 이 제외 규정으로 계층 I에서 배제되는 사람들은 계층 II에 속하게 될 것이다.

근로계약하에 임시 근로를 하는 계층 II 혹은 계층 IV의 사람들은 자신의 기여금 유예를 요구할 수 있으며, 임시 근로 중인 계층 III의 사람들도 희망한다면 유예를 받을 수 있다. 유예를 받은 사람들은 고용주에게 특별 카드를 제시해서 고용주의 납부 날인을 받아야 한다.

반면에, 현재 시행되고 있는 몇몇 제외와 유예 조치들은 더 이상 적용되지 않는다. 특히 다음의 경우에 그러하다.

(I) 안정적 고용과 그에 따른 연금 수급 자격이 피고용인 제외의 근거가 되지는 않을 것이다. 사회보장 체계는 모든 사람이 자신의 개인적 위험과 무관하게 기여의 의무를 갖는 것을 토대로 한다. 군인의 경우는 특별 기여금제도를 통해 퇴역 시 사회보장 수급권을 보호받게 될 것이다. 상업 종사자의 경우는 고용 조건에 따른 특별 기여금제도의 적용을 받을 것이다.

(II) 어떤 피고용인도 급여 상한에 따른 제외 대상이 되지 않을 것이다.

(III) 연금이 오직 퇴직 시에만 지급된다는 원칙이 도입됨에 따라, 표준 근로연령 이상 인구의 유예 청구권은 중단될 것이다. 따라서 남성은 65세, 여성은 60세에 도달하면 계속 일을 하며 기여금을 납부하거나, 아니면 이후 언제든지 연금을 받으며 은퇴할지를 선택하게 될 것이다.

엄밀히 따지면, 근로계약을 맺지 않지만 사실상 고용주를 위해 일하는 특정 계층의 사람들(예를 들어 도급 육체 노동자, 재택 근로자, 사설 개인 간호사)을 계층 I에 포함시켜 실업보장을 제공할 것인지, 아니면 그들의 특수한 상황을 고려하여 특별 제도를 통해 보호할 것인지는 더 많은 조사가 필요하다. 예를 들어 이 계층의 하나인 간호사의 경우, 때로는 근로계약하에 일하기도 하고 때로는 근로계약 없이 일하기도 한다는 사실에 더해, 감염 노출과 직무의 긴급성에서 기인하는 특수한 욕구를 지니며 휴식과 재충전을 위한 휴식 시간이 반드시 필요할 수도 있다. 자영 어부(share fisherman)에게 특별 제도하에 일정 정도의 소득보장을 제공하는 문제 역시 검토가 필요하다. 앞에서 언급했듯이 수습 직원은 일반적으로 계층 I에 포함되지만, 그들의 분담액과 관련해서는 특별 제도가 도입될 수도 있을 것이다(408항 참조).

315. 기타 유급직 종사자(계층 II) : 일반적으로 수익을 얻기 위해 일하지만 계층 I에 속하지 않는 모든 사람을 일컫는다. 소매상과 행상인, 농부, 소규모 자작농과 소작인, 자영 어부, 예능인, 전문 개인 서비스 제공자, 재택 근로자를 포함하여 이들 대부분은 자신의 이익을 위해 고용주로 혹은 단독으로 일한다. 여기에는 엄밀한 의미로는 근로계약하에 있지만 가족 고용이라는 이유로 계층 I에서 제외되는 사람들도 포함될 것이다. 앞에서 조사가 필요하다고 제안한 경우를 제외하면, 근로계약 없이 유급직에 종사하는 사람들은 실업보장을 받지 못한다. 계층 II의 사람들은 직업 카드(occupation card)에 따라 기여금을 납부하게 될 것이다. 만약 계층 II의 사람이 자신의 독립적인 직업을 포기하고 사회보장의 대상이 되는 고용직을 선택한다면, 계층 II의 급여들에 더해 조만간 계층 I의 실업급여 청구권을 획득하게 될 것이다. 만약 그가 일시적인 근로계약으로 인해 사회보험에 가입하게 되면 기여금을 유예받으며 일하게 될 것이다. 즉 고용주만 기여금을 납부하고 그는 실업 기여금을

납부하지도, 그리고 실업 수급권을 획득하지도 않을 것이다. 반대로, 주된 일자리가 근로계약하의 고용직이지만 기타 유급직에 이따금 혹은 정기적으로 종사하는 사람은 계층 II의 기여금을 유예받을 수 있다. 계층 II의 사람들 중에 소득이 일정 최저수준, 즉 연간 75파운드에 미치지 못하는 경우에는 유예를 신청할 수 있다(363항).

316. 주부(계층 III) : 남편과 함께 사는 근로연령의 기혼 여성을 가리킨다. 근로계약을 맺은 경우든 아니든 유급 근로를 하는 주부는 경우에 따라 계층 I 또는 계층 II의 통상적인 방식으로 기여금을 납부할 것인지, 아니면 기여금을 납부하지 않고 유예 상태로 근로할 것인지를 선택할 수 있다.

317. 기타 근로연령 인구(계층 IV) : 16세 이상의 전업 학생, 무급 가사노동에 종사하는 미혼 여성, 개인 자산 소득자(persons of private means),* 실명이나 다른 신체적 결함으로 근로가 불가능하고 사회보험 체계의 수급 자격도 없는 사람들을 가리킨다. 이 중에서 마지막 부류는 점차 줄어들게 될 것이다. 실명을 비롯한 여러 다른 신체적 결함들은, 사람들이 사회보험 체계하에서 기여금을 납부하고 장애급여 수급 자격을 취득할 기회를 갖게 된 이후에 발생하는 경우가 대부분이다. 처음에는 사회보험 체계가 시작되기 전부터 근로가 불가능했던 사람들이 많을

....

* 개인 자산에서 발생하는 이자, 배당, 임대료 및 독점적 권리 사용료의 수입을 얻는 사람을 가리킨다. 노동의 대가 이외의 소득(이자, 배당금, 임대료 및 독점적 권리의 사용료 등)을 '불로소득'이라고 부르기도 하지만, 이는 일하지 않고 빈둥거리며 소득을 올린다는 부정적 의미로 쓰이기도 한다.

것이다. 하지만 보험 체계가 확립된 이후에 계층 IV가 아닌 다른 계층에서 기여금 납부의 대가로 급여나 연금을 수령하는 사람들은 계층 IV가 아니라 여전히 그 계층에 속할 것이다. 근로가 불가능하거나 시설에 있는 사람들은 각각의 경우에 적합한 특별 제도의 보호를 받게 될 것이다. 그 밖에 계층 IV에 속하는 사람들은 사회보장 카드(security card)를 소지하도록 요구되며 다른 계층으로 이동하지 않는 한 사회보장 카드에 따라 기여금을 납부하게 될 것이다. 고용 장부나 직업 카드를 취득하기 위해서는 이 사회보장 카드를 제시해야 한다. 계층 IV의 사람들 역시 총소득이 일정 최저수준, 즉 연간 75파운드에 미치지 못한다면 기여금 유예를 신청할 수 있다(363항).

318. 근로연령 이하 인구(계층 V) : 이 계층에는 의무적이든 아니면 자발적이든 전일제 교육을 받는 16세 이하의 모든 사람이 포함된다.

319. 근로연령 이상의 퇴직자(계층 VI) : 사회보험 연금에서 퇴직연금을 수령할 수 있는 최저연령은 남성의 경우 65세, 여성의 경우 60세이다. 그러나 이 연령 이후에도 계속 일하는 사람들은 통상적인 방식에 따라 기여금을 납부하게 되며 계층 I이나 계층 II에 속하는 것으로 간주된다.

급여와 기타 보험금 지급

320. 급여, 연금, 보조금, 수당 : '급여(benefit)'라는 용어는 실업, 장애, 후견급여와 같이 욕구가 지속되는 한 원칙적으로 매주 지급되는 것을 의

미한다. 하지만 때로는 교육, 출산, 과부급여와 같이 제한된 기간 동안만 지급되기도 한다. '연금(pension)'은 노령(퇴직연금), 산업재해(산업연금)와 같이 영구적 또는 장기간 소득 능력이 상실되는 것을 전제로 하여 매주 지급되는 것을 의미한다. '보조금(grant)'은 결혼, 출산, 이사(removal), 장례 등의 특정 목적이나 치명적인 산업재해에 대해 일시불로 지급되는 것을 의미한다. '수당(allowance)'이라는 용어는 부양자녀에게 지급되는 수당 또는 아동연령 이상의 사람에 대한 실업급여와 장애급여에 추가되는 부양수당 등 부양가족에 대하여 매주 지급되는 것을 의미한다.

321. 급여와 연금의 중복 금지 : 산업재해로 발생하는 부분적 장애연금에 관한 333항의 예외를 제외하고, 사회보험기금으로부터 오직 하나의 급여나 연금만을 수령할 수 있다. 급여나 연금의 수령은 보조금이나 수당의 수령과 결합될 수 있다.

322. 전액 급여를 위한 기여 조건 : 아래에 제시된 급여, 기타 보험 지급의 금액과 기간은 전액 급여를 받는 사람들을 위한 것이다. 전액 급여를 받기 위해 요구되는 기여 조건과 전액 급여를 받지 못하는 경우의 결과는 아래 367~368항에 명시되어 있다. 일반적으로 어느 누구도 일할 수 있는 한 단지 실업자라는 이유로 또는 장애를 가졌다는 이유로 전액 급여를 받지 못할 이유는 없다.

323. 대기 기간 : 모든 종류의 실업과 장애에 대해 3일의 대기 기간이 있을 것이다. 즉 실업 기간이나 장애 기간이 4주 동안 지속되지 않는 한

최초 3일 동안은 급여가 지급되지 않을 것이다.

324. 공동급여, 단독급여, 퇴직연금 : 실업급여나 장애급여 그리고 퇴직연금은 부부급여(공동급여, 공동연금)와 1인급여(단독급여, 단독연금) 두 가지 금액으로 지급된다. 보통 부부 중 한 사람에게 지급될지라도 공동급여나 공동연금은 부부가 공유하는 것으로 간주한다. 공동 퇴직연금을 받는 부부가 별거하는 경우에는 균등하게 배분한다. 실업 남성이나 장애 남성의 아내는 지급되는 공동급여를 공유하는 것으로 간주되며, (아내가 소득이 없는 경우) 급여 인상이나 수당을 받을 수 있는 피부양자로 여기지 않는다.

325. 피부양자 수당 : 실업급여, 장애급여 또는 교육훈련급여를 받을 자격이 있는 사람에게 소득이 없이 생계를 의지하는 아동수당 대상 연령 이상의 동거인이 있는 경우 해당 피부양자를 위한 수당이 급여에 추가된다. 피부양자에 대한 정의와 피부양자의 사전 등록 요구 등의 내용은 해당 규정에 따른다.

326. 실업급여 : 피보험자가 실업 상태를 유지하고 일을 할 수 있는 한 근로연령 내내 자산조사나 욕구조사 없이 계속하여 매주 지급될 것이다. 하지만 피보험자는 일정 기간 무조건 급여를 받은 후 급여를 유지하기 위해서는 고용지원센터나 교육훈련센터에 출석해야 한다는 조건이 있다. 무기한 실업급여의 수령은 366~367항에서 요구하는 바에 따라 기여금을 납부한 경우 전액 급여를 받게 될 것이다. 현재와 마찬가지로 정당한 사유 없이 적절한 취업을 거부하는 경우, 또는 위법행위로

해고되거나 자발적으로 퇴사하는 경우에는 수급 자격이 박탈된다. 연금 수령 최저연령에 도달한 후에도 계속 근무하는 직원은 실업급여를 받을 수 있다. 하지만 이러한 급여를 받을 수 있는 기간은 제한된다.

327. 무조건 급여 기간의 제한 : 다음과 같은 조정에 따라 무조건 실업급여의 정상적인 기간은 6개월이며, 다음의 경우 조정이 가능하다.

(a) 전반적 불황을 근거로 사회보장부 장관의 명령에 의하여 기간을 늘릴 수 있다.

(b) 미성년자의 경우 규정에 따라 기간이 단축될 수 있다.

(c) 소액 청구를 하고 기여금 기록이 좋은 사람은 무조건 실업급여를 추가로 며칠 더 받을 수 있다.

무조건 급여는 등록부에 서명하여 실업 증명서를 작성하고 적절한 취업을 받아들일 준비가 되어 있는 사람에게만 지급된다.

328. 무제한 조건부 급여 : 무조건 급여에 대한 청구를 소진했지만, 다른 방법으로 전액 급여를 받는 사람은 필요에 따라 고용지원센터나 교육훈련센터에 출석하는 조건으로 자산조사 없이 실업급여를 계속하여 받을 수 있다.

329. 이사 및 주거 보조금 : 현재의 집에서 멀리 떨어진 곳에서 일하거나 훈련을 받는 사람에게는 규정에 따라 대출 등의 방식으로 이사 및 임시 주거 비용의 전부 또는 일부를 충당할 수 있는 보조금을 제공한다.

330. 장애급여 : 근로연령 전 기간에 걸쳐 또는 산업연금으로 대체될 때

까지 어떤 이유로든 신체적 장애로 일을 할 수 없는 경우 367항의 전액 급여 조건에 따라 계층 I과 II의 사람들에게 매주 장애급여가 지급될 것이다. 323항에 규정된 3일의 대기 기간을 조건으로 전체 장애 기간 동안 계층 I의 모든 사람에게 지급된다. 계층 II의 사람들에게는 장기 장애(prolonged disability), 즉 장애가 13주 동안 지속된 이후에 대해서만 지급될 것이다. 계층 II의 사람들은 질병이 발생한 처음 13주 동안은 치료를 받고 있어도 현금급여를 받지 못하거나 기여금도 면제되지 않을 것이다.

331. 산업재해 : 고용 중에 발생하는 사고나 질병으로 인한 장애 및 사망에 대한 대비는 다른 원인으로 인한 장애나 사망의 경우와 마찬가지로 사회보험제도에 포함된다. 산업재해로 피해를 입은 근로자에 대한 의료적 치료는 국민보건서비스의 일환으로 제공된다. 산업재해 치료 후 재활은 장애의 원인에 관계없이 이로 인해 이익을 취할 수 있는 모든 사람을 위해 노동병역서비스부가 주관하는 일반 서비스의 일환으로 제공된다. 현금급여의 관리는 사회보장부가 담당할 것이다. 별도의 노동자 재해보상제도가 대신할 것이다. 그러나 산업재해로 인한 결과와 다른 원인으로 인한 장애나 사망 사이에는 여러 중요한 차이가 지속적으로 발생할 것이다. 이러한 차이점은 산업연금, 부분 장애, 산업 보조금, 급여 조건, 연금과 관련하여 332~335항에 규정되어 있다. 또한 제조·생산 산업(scheduled industries)*의 고용주에게는 사고와 질병 발

....

* 'Scheduled Industries'는 1951년 산업개발 및 규제법 산업 부칙 1조에 기재된 항목으로, 물품의 제조나 생산에 종사하는 모든 산업을 가리킨다.

생에 대한 특별 비용의 일부를 충당하도록 산업 부담금을 부과할 것이다. 보상 한도, 관습법 책임, 일시금 보상, 피부양자의 정의, 사망 보조금의 소득과 분배를 평가하기 위한 원칙, 그리고 체계와 관련된 현행 규정에 대한 개정이나 검토가 이루어져야 한다(336항).

332. 산업연금 : 산업재해로 인한 장애가 13주 이상 지속되는 경우 정액 장애급여는 장애가 지속되는 동안 평균 소득과 관련된 산업연금으로 대체된다. 고도장해(total disablement)*에 대한 산업연금은 완전고용 시에 노동자가 받는 소득의 3분의 2 비율로 지급될 것이며, 최소한 일반 장애의 경우 받을 수 있는 급여보다는 적지 않아야 한다. 혼인 여부에 따라 공동 장애급여(joint disability benefit)나 독신 장애급여(single disability benefit)가 주당 최대 3파운드의 피부양자 수당과 함께 지급될 수 있다. 산업연금은 연금 수령 최저연령 이후에 발생하는 장애에 대해서는 지급되지 않지만, 해당 연령에 도달하기 전에 지급된 연금이 퇴직연금보다 많으면 퇴직연금을 대신하여 일생 동안 지급된다. 산업연금은 소득과 관련이 있기 때문에 독신 남성의 경우 공동 장애급여 최저액이 독신 장애급여 최저액보다 높다는 점을 제외하고는 기혼 남성과 동일할 것이다.

333. 부분 장애 : 산업연금의 일부는 소득 능력을 상실한 부분 장애인에게 지급될 것이다. 부분 산업연금(partial industrial pensions)을 받는 사

....

* 고도장해는 질병 또는 재해로 인하여 신체장애가 영원히 남아 신체의 기능이 완전히 상실 또는 현저하게 감소한 상태를 가리킨다.

람은 일을 할 수 있지만 실직하거나 질병에 걸릴 수 있기 때문에 실업급여나 장애급여를 받을 수 있다. 부분 산업연금은 낮아진 소득 능력과 관련되어 있기 때문에 규정에 의해 정의된 범위 내에서 실업급여나 장애급여와 동시에 결합될 수 있다. 이는 321항의 급여 중복 금지 일반 규칙에 대한 예외 사항에 속한다.

334. 산업 보조금 : 산업재해로 사망하는 경우 장례 보조금, 과부급여, 후견급여 외에 과부 또는 사망한 사람에게 전적으로 의존한 사람에게 산업 보조금이 지급된다. 산업 보조금의 금액, 고려해야 할 피부양자, 보조금의 유형과 배분은 이해관계자와 관련된 추가 조사와 협의를 거친 후 사회보장부 장관령에 따라 결정된다. 최저 퇴직연령 이후 발생하는 사망에 대해서는 산업 보조금이 지급되지 않는다.

335. 산업재해 관련 급여 청구 시 기여 조건의 불필요 : 산업재해로 인한 장애 또는 사망에 대한 급여, 연금, 보조금 지급에는 기여 조건이 부과되지 않는다. 즉 이러한 지급에 대한 권리는 장애나 사망이 근로계약에 의한 고용 중에 발생한 사고나 질병으로 인한 것인지 여부에 따라 달라진다.

336. 현행 보상 규정의 변경 사항 : 산업재해 보상에 관한 현행 규정은 다음과 같은 여러 가지 방식에 따라 달라지게 된다.
  (a) 사무직 근로자에 대한 보수 한도 폐지, 다른 수급권을 가진 어느 누구도 보수가 기준 금액을 초과한다는 이유로 배제되지 않을 것이다.
  (b) 장애에 대한 일시금 지급은 장애로 인해 최저생계를 유지하기에

충분한 소득을 얻을 수 없거나 기타 특별한 사유로 일시금 지급이 근로자의 이익에 부합한다고 사회보장사무소가 판단하는 경우로 제한된다.

(c) 법적 절차보다는 행정적으로 청구를 처리한다. 산업연금 및 보조금 평가는 해당 업무에 전문적으로 종사하는 임원에 의해 수행되며, 근로자나 고용주 또는 근로자협회나 고용주협회가 3명의 위원으로 구성된 특별지방재판소(special local tribunals)에 항소할 수 있는 권리를 조건으로 한다.

(d) 산업재해의 결과에 대하여 개선된 규정을 고려하여 고용주의 책임에 관한 법률 검토

(e) 91~92항에 명시된 바와 같이 다양한 관리와 자문 기능을 갖춘 위험 산업 고용주와 근로자의 법정협회(statutory associations) 설립

337. 기여 퇴직연금 : 계층 I, II 또는 IV에 속하는 사람은 연금 수급이 가능한 최저연령인 남성 65세, 여성 60세에 도달하게 되면 퇴직 시에 미혼 남성과 여성에 대해 동일한 기본 급여액이 적용되는 연금을 받게 된다. 부부 모두 연금 수령 연령에 도달하였거나 아내가 소득이 없고 남편이 연금 수령 연령에 도달하였을 경우 공동 퇴직연금이 지급된다. 기혼 여성이 유급 직업에 종사하였고 필요한 기여금을 납부하였다면 연금 수령 최저연령에 도달하고 유급 직업에서 퇴직할 경우 남편의 연령과 상관없이 연금을 받을 수 있다. 유급 직업에 종사하지 않았거나 유급 직업에 종사하고 있어도 기여금 유예를 받은 기혼 여성은 남편이 일하는 동안 연금을 받을 수 없지만, 남편이 퇴직하면 공동연금을 받을 수 있다.

338. 기본 금액 이상의 연금 인상 : 연금 수급 최저연령에 도달한 후에도 계속하여 유급 직업에 종사하는 계층 I, 계층 II의 사람은 계속 기여금을 납부한다. 그리고 퇴직연금을 연기한 해의 기여금에 따라 퇴직연금액이 인상될 것이다. 이러한 사람은 퇴직할 때까지 실업급여나 장애급여를 받을 수 있지만 급여 연도 내 20주 이상은 받을 수 없다. 이후 연금을 받고 퇴직한 사람이 고용 유무에 관계없이 유급 근로를 하는 경우, 3개월 동안의 연금액은 이전 3개월간 벌어들인 소득의 비율만큼 줄어들 것이다. 직장에서의 퇴직은 없지만, 연금 수령 최저연령에 도달한 계층 IV의 사람은 지체 없이 연금을 받을 것인지, 아니면 연금 신청을 연기하고 계속 기여한 후 나중에 인상된 연금으로 받을지 결정할 수 있다.

339. 결혼 생활의 욕구 : 사회보험 체계의 목적을 위해 주부는 특별 계층 (III)으로 구성한다. 모든 기혼 여성은 새로운 사람이 되어 새로운 권리를 얻게 되며, 혼인 전의 기여금과 관련된 실업급여나 장애급여에 대한 청구는 혼인 후에는 받아들여지지 않는다. 결혼 보조금, 출산 보조금과 같은 일부 새로운 권리는 모든 기혼 여성들에게 적용되며, 결혼 기간 동안 모든 여성은 그들의 남편이 낸 기여금을 통해 계속하여 노후에 연금을 받을 수 있는 자격을 얻게 될 것이다. 남편의 실업이나 장애로 인한 급여의 공유와 같은 새로운 권리는 소득이 없는 기혼 여성에게만 적용된다. 출산 보조금 외에 출산수당의 경우 유급 직업이 있는 기혼 여성에게만 적용된다. 청구권 중 일부는 과부, 이혼, 다른 형태의 별거에 의해 결혼 생활이 끝난 후에만 발생한다. 마지막으로 결혼 생활을 위한 규정과 관련하여 혼인을 하지 않고 아내로 살아가는 사람들에 대한 문

제를 고려해보아야 한다.

340. 결혼 보조금 : 혼인하는 모든 여성은 혼인 전 계층 I 또는 계층 II에 따라 자신의 실제 기여금(1파운드)을 40회 납부한 경우, 최대 10파운드까지 보조금을 받을 수 있다. 이 보조금은 급여를 받기 위해 이전의 자격을 포기한 것에 대한 보상과 계속하여 유급 직업을 가질 경우 자격을 다시 얻어야 하는 것에 대한 보상으로서 바람직하며, 또한 결혼에 대한 정확한 통보를 받을 수 있는 경우에 바람직하다. 단, 그것이 제도의 나머지 부분에 필수적인 것이 아니며 기여금 절감이 필요하다고 판단되는 경우 생략될 수 있다.

341. 출산 보조금과 출산급여 : 모든 기혼 여성은 유급 직업의 유무와 관계없이 출산 보조금을 받을 자격이 있으며, 종합 의료 서비스의 일부로 의료, 조산(midwifery), 간호 서비스를 받을 수 있다. 또한 유급 직업을 가지고 있는 기혼 여성은 출산 보조금 외에 출산일을 포함한 13주 동안 유급 직업을 포기하는 조건으로 출산급여를 받을 자격이 있다. 출산 보조금은 전체 출산 비용을 충당하기 위한 것이 아니며, 그 여성의 남편이 버는 소득에 대해 합리적이고 당연한 권리를 가지고 있다.* 그럼에도 불구하고 출산 보조금은 현재의 금액보다 실질적으로 더 높아져야

·············

* 이 문구는 국가가 남편과 아내의 경제적 관계를 대신해야 할 의무가 없다는 점, 기혼 여성은 남성의 소득에 의존한다는 점을 생각한다면, 출산의 전체 비용은 남편의 소득에 대해 아내에게 합리적이고 당연한 권리로서 청구할 수 있는 자격이 주어지는 것이지, 출산보조금으로 국가가 출산 비용 전체를 보전해주어야 할 의무가 있는 것은 아니라는 의미로 해석할 수 있다.

한다. 출산급여는 여성이 출산 시 유급 직업을 쉽게 포기할 수 있도록 독려하기 위한 것이며, 일반 실업급여나 장애급여보다 실질적으로 높은 금액이 적용될 것이다.

342. 남편의 실업과 장애에 대한 급여 : 남편이 실업이나 장애보험에 가입되어 있고 아내가 소득이 없는 경우, 두 사람이 최저생계를 영위하기에 충분한 공동급여가 지급될 것이다. 단일 급여만 지급하는 근거로서 아내의 유급 직업에 대한 범위는 정의가 필요할 것이다. 한 가지 계획은 아내가 수당만큼의 소득이 없는 한 부양수당을 제공하는 실업보험의 현재 관행을 채택하는 것이다. 대안으로는 아내가 기여금 유예를 신청하고 승인받은 경우에는 남편의 실업이나 장애에 대한 공동급여 금액을 허용하는 것이다. 즉 아내는 자신의 실업이나 장애로 급여를 받을 자격을 갖추는 방법을 선택하거나, 아니면 남편이 실직하거나 장애가 있을 경우 공동급여를 공유하는 방법을 선택할 수 있다.

343. 남편 기여금에 따른 퇴직연금 : 남편과 아내 둘 다 연금 수령 연령이 되면 남편이 퇴직 시 공동 퇴직연금을 받을 수 있다. 이 연금은 일반적으로 둘 중 한 명에게만 지급되지만 두 명 모두에게 귀속되는 것으로 간주하며, 만약 그들이 헤어지면 균등하게 분배된다. 혼인이 지속되는 동안 남성이 지불한 기여금은 남성이 아내와 함께 살고 있는지 여부와 관계없이 아내의 연금에 대한 기여금으로 간주한다. 아내는 남편이 아직 퇴직하지 않았다면 단지 연금 수령 연령이 되었다는 이유만으로는 남편의 기여금에 대한 연금을 받을 자격이 발생하지는 않는다. 아내가 연금 수령 연령 미만이어도 남편이 퇴직하고 연금 수령 연령에 도달하

면, 아내와 남편이 함께 살고 아내가 소득이 없는 경우 공동연금을 지급한다. 이는 공동연금을 청구하기 이전 최소한의 결혼 생활 기간을 요구한다는 규정을 따른다.

344. 질병 시 가사 도움 : 유급 직업이 없거나 소득이 너무 적어 기여금 유예를 원하는 주부는 질병 시 장애급여를 받지 못할 것이다. 의지했던 수입을 잃지는 않을 것이다. 하지만 질병에 걸렸을 때에도 주부는 가사 노동을 그만둘 수 없기 때문에 필요한 병원 치료를 받을 수 없다고 생각할 수 있다. 포괄적인 의료 서비스에는 주부들에게 가장 효과적인 치료를 가능하게 하는 데 필요하다고 생각되는 가사 도움을 제공하는 방법이 포함되어야 한다. 이는 병원의 복지 서비스의 일부로 체계화되어야 하며, 병원으로 이송시키는 의사의 추천에 따라 제공되어야 한다. 이 서비스는 필요하다면 주부가 집에서 아플 때 필요한 가사 도움을 제공하는 것으로 확대될 수도 있다. 하지만 이러한 서비스는 거의 필요하지 않은 것 같다. 이러한 경우에 이웃과 가족의 도움이 서비스를 대신하여 충족시켜주어야 한다. 환자의 건강 상태가 즉시 병원에 입원시켜 어려움을 극복하는 것이 중요할 때는 상황이 다르다.

345. 유급 직업을 가진 기혼 여성 : 계층 I의 고용계약에 의해 유급 직업에 종사하는 기혼 여성은 유예를 신청할 권리가 있다. 즉 고용주가 기여금을 내더라도 자신은 기여금을 내지 않는 것이다. 유예를 신청하든 그렇지 않든, 출산급여를 받게 될 것이다. 유예를 신청하는 경우, 343항에서 언급된 공동 퇴직연금의 기혼 여성 몫을 제외하고는 결혼 기간 내에 실업급여나 장애급여를 받을 자격이 없으며, 부부 중 한 명 외에는 퇴직

연금을 받을 자격이 없다. 반면에 유예를 신청하는 대신 기여를 원하는 경우에는 정상적인 기여 및 급여 조건에 따라 다음과 같은 혜택을 받을 수 있다.

(a) 감소된 금액으로 실업급여나 장애급여를 받지만 다른 피보험자와 동일한 조건이 적용된다. 기혼 여성에 대한 예외 규정은 없다.

(b) 남편의 나이와 직업에 관계없이 60세 이후 유급 직업에서 스스로 퇴직하는 연금

계층 II의 기혼 여성이 유급 직업을 가질 경우 동등하게 유예를 받을 수 있다.

346. 사별로 인한 혼인의 종료 : 과부에 대한 보장책은 과부의 나이, 부양 자녀 유무, 남편의 사망이 산업재해로 인한 것인지, 아니면 다른 원인 으로 인한 것인지 등 과부의 상황에 따라 다르다. 과부가 연금 수령 연 령에 해당하는 경우, 즉 60세 이상일 때 남편의 기여금으로 전액 급여 를 받는 조건하에 미망인은 독신 연금 수급자의 급여액으로 퇴직연금 을 받게 된다. 근로연령의 과부에게는 영구적인 연금이 지급되지는 않 지만, 이들은 출산급여와 같은 금액으로 13주 동안 과부급여를 받을 것 이다. 이 급여 기간이 종료될 당시에 부양자녀가 있고 그들을 계속해서 돌보는 한, 과부들은 후견급여를 받을 자격이 있다. 이는 아동수당과 더불어 과부에게 근로소득이 없더라도 최저생계를 영위하기에 충분하 도록 설계될 것이다. 직업에 종사하면 과부의 소득에 따라 전액 후견급 여는 줄어들 것이다. 후견급여는 마지막 자녀에 대한 부양이 중단되는 경우, 과부가 재혼하는 경우, 그리고 드물지만 과부가 퇴직하고 연금을 받는 경우 중단된다. 과부급여나 후견급여를 받는 과부는 취업을 하거

나 다른 방식으로 유급 직업을 가지고 있는 경우 유예 대상자로 선택할 수 있다.

근로할 수 있는 연령과 능력이 되는 모든 과부는 교육훈련급여를 신청할 수 있다. 훈련 이후 부양자녀가 없는 근로연령의 미망인은 독신 여성으로 일을 하고 기여하게 된다.

과부는 자신과 부양자녀에 대한 장례 보조금을 받을 권리가 있다.

남편이 산업재해로 사망한 경우에는 산업 보조금, 즉 남편의 소득과 관련된 일시금 형태의 보상금은 다른 급여와 함께 추가하여 지급되지만 다른 급여에 대해서도 고려되어야 하며, 보조금의 처분에 대한 권한은 사회보장부에 속한다.

남편이 사망하였을 당시 과부가 자녀가 없더라도 고도장해가 있는 경우, 그녀는 남편의 기여금을 조건으로 과부급여를 받은 후에도 장애가 지속되는 한 장애급여를 받을 수 있다.

347. 사별 이외의 혼인 종료 : 이혼, 법적 별거, 유기, 자발적 별거는 사별로 인해 발생하는 욕구와 비슷한 욕구를 야기할 수 있다. 두 가지 측면에서 사별로 인한 과부의 경우와는 다르다. 아내의 과실로 인해 발생한 경우를 제외하고는 부양에 대한 남편의 책임은 변하지 않는다. 그러나 아내의 관점에서 보면, 자신의 과실이 아니며 동의 없이 주부로서의 생계를 잃는 것은 결혼 생활의 위험 중 하나이기에 보험에 가입할 필요가 있다. 부조에 의존해서는 안 된다. 보험료 납부 없이도 주부를 별도의 보험 계층으로 인정한다는 것은 결혼 생활이 사별이 아닌 다른 방식으로 종료되는 경우에도 결혼 생활이 그녀 자신의 과실로 인하거나 자발적으로 종료되지 않는 한 과부와 동일한 규정을 적용받을 자격이 있음

을 의미한다. 즉 아래에 있는 참조에 언급된 실질적인 고려 사항에 따라, 아내는 임시 별거급여(temporary separation benefit)와 (과부급여와 동일한 선에서) 적절한 경우 후견급여, 교육훈련급여를 받아야 한다.

의무보험 기여금

354. 단일 기여금 : 각 개인에 대하여 다목적 단일 주간 기여금이 부여되며, 해당 보험 서류에 보험 소인을 부착하여 납부한다. 이 보험 서류는 계층 I의 고용 장부, 계층 II의 직업 카드, 계층 IV의 보장 카드를 말한다. 이는 다음과 같은 조건에 따른다.

(a) 보험 소인으로 납부하는 기여금 외에도 제조·생산 산업의 고용주에게 산업 부담금이 부과된다(360항).

(b) 계층 II와 계층 IV의 경우, 규칙에 따라 1주일 이상의 간격으로 기여금을 납부할 수 있다.

(c) 1주일 미만의 고용인 경우, 규칙에 따라 기여금이 감소될 수 있다.

355. 계층 I의 기여금 : 계층 I의 보험 소인은 고용주가 고용 장부에 부착한다. 보험 소인은 고용주와 피고용인 또는 근로자의 공동 기여금을 나타내며, 피고용인의 부담금은 임금 또는 급여에서 공제된다.

356. 계층 II의 기여금 : 계층 I의 고용 방법 이외의 다른 방법으로 유급 직업에 종사하는 모든 사람은 363~364항에 따라 유예되거나 면제되는 경우를 제외하고는 직업 카드를 소지해야 하며, 매주 계층 II의 기여

금을 나타내는 보험 소인을 부착해야 한다.

357. 계층 III의 기여금 : 근로연령의 기혼 여성인 주부에 대한 기여금은 남편의 기여금의 일부로 납부된다. 주부 급여의 일부를 보장하기 위해 모든 남편의 기여금은 아내의 기여금보다 높다. 고용(계층 I)되어 있거나 기타 유급 직업(계층 II)에 종사하는 주부들은 다음과 같은 선택권이 있다.

> (I) 모든 기여금을 납부하고 출산급여와 함께 감액된 실업급여나 장애급여를 받는 일반 고용 장부 또는 직업 카드를 취득한다.
>
> (II) 해당 계층에서 자신의 기여금을 유예받고 출산급여만 받을 수 있다.

계층 I에 속하는 주부가 산업재해로 인해 장애가 발생하여 유예자가 된 경우 우선 감액된 장애급여를 받을 수 있지만, 13주 후에도 장애가 있으면 산업연금을 받을 수 있다.

358. 계층 IV의 기여금 : 고용 장부, 직업 카드를 소지하지 않거나 주부정책에 해당하지 않는 모든 사람은 보장 카드를 소지해야 하며, 363항에 따라 유예되지 않는 한 매주 계층 IV의 기여금을 나타내는 보험 소인을 부착한다.

359. 직업의 연금 가능성 또는 보수 금액에 대한 제외 없음 : 안정적이고 연금이 있는 특정 고용이나 특정 직업에 종사한다는 이유로 기여의 의무에서 제외될 수는 없다. 또한 개인의 보수나 소득이 특정 금액을 초과한다는 이유로 기여의 의무에서 제외될 수는 없다.

360. 산업 부담금 : 계층 I의 모든 경우, 보험 소인 중 고용주의 공동 부담 부분이 포함된 산업재해에 대한 기여금 외에 산업재해의 일반적인 위험보다 실제로 더 큰 위험이 있는 제조·생산 산업의 고용주에게는 특별 부담금이 부과되며, 이러한 고용과 관련하여 추가 장애 비용의 3분의 2를 제공한다. 부담금의 총액은 특정 고용의 위험 정도와 고용주의 급여 지급 총액에 따라 달라진다.

361. 국가 기여금 : 제4부 279항에 명시된 제안에 따라, 재무부는 아동수당 및 국가부조의 전체 비용을 위한 기여금뿐 아니라 사회보험기금에 의해 비용이 보조되어야 하는 치료 및 재활 비용을 위한 기여금을 납부하게 될 것이다.

362. 계층의 구분 : 동시에 두 개 이상의 보험 계층에 속하는 것은 예상되지도 않고 허용되지도 않기 때문에, 하나의 계층에서 다른 계층으로 이동하는 경우와 현재 계층에 남아 있으면서 다른 계층으로 이동하게 되는 계층의 작업을 일상적으로 수행하는 경우에 대해서도 급여의 제공이 이루어져야 한다. 하나의 계층에서 다른 계층으로 이동한다는 것은 이미 보유하고 있는 보험 문서를 포기하고 새로운 계층에 적합한 문서를 취득하는 것을 의미한다. 현재 계층을 떠나지 않은 상태에서 일상적으로 다른 계층의 작업을 수행하는 사람들은 다른 계층의 기여금을 유예받을 수 있다. 계층 간의 이동 및 계층 구분과 관련된 많은 세부 사항들은 규정에 따른다. 363~364항에 명시된 사유로 유예되거나 면제되는 경우, 그리고 357항에 명시되어 있는 주부의 선택권을 제외하고 근로연령의 모든 사람은 하나의 보험 문서에만 기여하며, 두 개 이상의

계층에 기여하지 않는 것이 일반적인 원칙이다.

363. 기여금의 유예 : 유예란 개인의 신청에 의해 자신이 책임져야 하는 기여금을 면제받을 수 있음을 의미한다. 유예는 일정 기간 동안 또는 유예 사유가 지속되는 동안 무기한으로 할 수 있다. 유예의 경우에는 유예를 표시하는 보험 문서를 소지하여야 한다. 출산급여의 경우를 제외하고, 유예된 기여금은 급여의 기여 조건을 충족시키기 위한 목적으로 납부된 것으로 간주되지 않는다. 다음과 같은 경우 유예가 허용된다.

(i) 주된 직업이 계층 II 또는 계층 III인 경우 계층 I에서 유예가 허용된다. 이 경우 피보험자는 유예 표시가 있는 고용 장부를 고용주에게 제시해야 하며, 고용주는 공동 기여금 중 자신의 몫에 대하여 소인을 부착하여야 한다.

(ii) 주된 직업이 계층 I 또는 계층 III인 경우 계층 II에서 유예가 허용된다.

(iii) 기여 연도(또는 분기)의 총소득이 연간 75파운드 미만인 경우 기여한 해(당해 연도 또는 분기)에는 계층 II나 계층 IV에서 유예가 허용된다.

(iv) 제도가 시작되는 시점(1944년 7월 1일)에 55세 이상의 남성과 50세 이상의 여성 중 현행 연금 기여 계층에 포함되지 않는 사람은 연금 기여금 유예가 허용된다.

364. 기여금의 면제 : 면제는 개인이 책임을 져야 하는 기여금을 요구하지 않는다는 것을 의미한다. 그리고 기여 조건이 본인에 의해 이루어진 것은 아니지만, 그에 의해 또는 그를 대신해서 이루어진 것으로 간주한

다. 면제의 사유는 다음과 같다.

(i) 계층 I의 기여금: 증명된 실업이나 장애, 그리고 출산

(ii) 계층 II의 기여금: 13주 후 증명된 장애 및 출산

(iii) 계층 IV의 기여금: 과부 또는 후견급여의 수령

(iv) 모든 계층의 기여금: 교육훈련급여의 수령

365. 기여 연도와 지급 연도 : 각 계층의 보험 문서, 즉 고용 장부, 직업 카드, 보장 카드는 7월로 종료되는 기여 연도까지 유효하며, 당해 연말에 다음 기여 연도에 유효한 새 문서로 교환된다. 관련된 행정적인 문제에 대한 추가 검토를 통해 모든 급여에 대한 지급 연도는 10월 1일부터 12개월 동안 진행된다. 그리고 해당 연도의 급여, 보조금, 수당에 대한 피보험자의 전액 지급 청구는 이전 기여 연도에 납부했거나 면제된 기여금에 따라 달라진다. 주부의 경우 관련 기여금은 남편의 기여금이다.

366. 초기 적격 기여금 : 이 제도가 전면적으로 운용되면 실제 기여금을 26번 납부할 때까지는 실업급여, 장애급여를 받을 수 없으며, 실제 기여금을 156회 납부하지 않는 한 52주 이상 장애급여를 받을 수 없다. 이 조건은 기여 조건이 없는 산업재해로 인한 장애에는 적용되지 않는다. 연금에 대한 적격 기여금은 현재 연금에서 새로운 제도로의 전환을 내용으로 하는 242항에 설명되어 있다. 과부급여나 후견급여에 대해서는 초기 기여금 조건이 요구되지 않는다. 이 제도가 시작될 때, 현행 제도에 의해 이루어진 기여금이 새로운 급여에 대한 자격으로 어느 정도 고려될 것인지 정의하기 위해서는 과도기 규정이 요구된다.

367. 전액 급여를 위한 조건 : 실업급여, 장애급여, 교육훈련급여, 과부급여, 후견급여 그리고 산업 보조금 또는 장례 보조금 이외의 보조금, 수당에 대하여 모든 지급 연도에 전액 급여를 받기 위해서는 48회의 기여금이 이전 기여 연도에 피보험자에 의해서 납부되었거나 면제되었어야 한다. 연금에 대하여 전액 급여를 받기 위해서는 피보험자에 의해 제도 시작 이후 전체 근무 기간 동안 연간 평균 48회 이상의 기여금이 납부되었거나 면제되었어야 한다. 일반적으로 소득에 의존하는 사람은 소득이 없을 때 실업이나 장애를 증명함으로써 전액 급여를 받을 수 있다. 소득에 의존하지 않는 사람들만이 전액 급여를 받지 못할 가능성이 크다. 계절적 근로자(seasonal workers)나 가끔씩 일을 하고 지속적으로 일을 할 수 없는 기타의 사람들이 이에 해당한다. 또한 계층 IV에 속하는 사람들 중 363항에 따라 유예를 받았거나 기여를 이행하지 않은 사람, 늦은 나이에 영국에 왔거나 일시적으로 영국을 떠났던 사람들이 있을 수 있다. 전액 출산급여에 대한 권리는 기여금이 양 당사자에 의해 납부되었는지, 아니면 고용주에 의해서만 납부되었는지에 상관없이 특별 조건에 의하여 관리될 것이다. 보험에 가입한 여성이 면제되는 경우 전액 급여를 받기 위해 필요한 기여금의 수는 추가 검토가 필요한 사항이다. 장례 보조금과 관련하여 전액 급여를 받기 위해 필요한 기여금은 규정으로 정한다. 고려해봐야 할 기여금은 일반적인 원칙에 따라 근로연령인 경우에는 사망한 사람의 기여금이며, 사망한 사람이 근로연령 미만인 경우에는 책임을 지고 있는 부모의 기여금이다. 이 규정은 전년 기여 연도 또는 평균 3년 이상 납부했거나 면제된 기여금을 고려하여 사람들이 쉽게 급여를 유지할 수 있도록 해야 한다. 그리고 요구되는 기여금의 수는 실업급여나 장애급여를 받을 수 있는 자격보다 실

질적으로 적어야 한다. 이 제도가 시작될 때 60세 이상의 모든 사람이 장례 보조금에서 제외됨에 따라 연금을 받는 퇴직자들은 자동으로 장례 보조금 전액을 받게 될 것이다. 이 항목의 규정은 이전 항목의 규정과 마찬가지로 제도가 전면적으로 시행되면 적용될 것이다. 이 새로운 제도가 시작될 때 현행 제도에 따라 이루어진 기여금이 어느 정도 고려되어야 하는지를 정의하기 위하여 과도기 규정이 필요할 것이다.

368. 급여의 감소 : 전액 급여를 받지 못하는 사람에게 부여되는 급여는 각 급여 유형에 따라 적합한 규정에 의해 결정된다. 실업급여, 장애급여, 출산급여의 경우, 이 규정은 주간 급여액을 낮추거나 급여액을 책정할 수 있는 기간을 단축하는 방법을 제공할 수 있다. 연금의 경우, 해당 규정은 퇴직 날짜를 연기하거나 연금액을 낮추는 방법을 제공할 것이다. 장례 보조금의 경우, 보조금 금액을 낮추는 방안을 마련하겠지만, 앞 항목에서 설명한 이유로 인하여 사람들이 전액 급여를 받지 못하는 경우는 드물 것이다.

국가부조

369. 보장의 일부로서의 부조 : 보험이 적용되지 않는 모든 욕구를 충족하기 위해 부조가 제공될 것이다. 이러한 욕구는 최저생계 수준까지 충분히 충족시켜야 하지만, 보험급여보다는 덜 유리하다고 느껴야 한다.[*]

....

[*] 이 문장의 '덜 유리하다'는 표현은 원문에서 'less desirable'이라고 적혀 있다.

그렇지 않으면 피보험자들은 그들의 기여금에 대해 아무것도 얻지 못한다. 따라서 부조는 항상 욕구에 대한 입증과 자산에 대한 조사를 통해서만 제공될 것이다. 또한 수입 능력의 회복을 촉진할 것처럼 보이는 활동도 고려 대상이 될 것이다. 부조 비용은 재무부가 직접 부담할 것이다. 사회보험과 국가부조는 분명히 구별되는데, 국가부조는 사소하지만 사회보장부 업무의 필수적인 부분으로서 행정적으로 사회보험과 결합될 것이다.

370. 과도기의 부조 범위 : 기여연금이 최저생계 수준에 도달하기 전까지의 연금 과도기에는 상당히 많은 사례에서 부조연금이 필요할 것이며 전체 부조 업무의 대부분을 차지할 것이다.

371. 영구적 부조 범위의 제한 : 이 보고서의 제안(국가보험을 새로운 계층으로 확대, 급여액 인상과 급여 기간 연장)으로 인해 영구적 부조 범위는 현행 공공부조의 범위 및 부조위원회의 범위보다 훨씬 적게 될 것이다.* 그럼에도 불구하고 제한적이긴 하지만, 다음과 같은 주요 계층들을 포괄하는 실질적인 부조는 계속 유지될 것이다.

　(a) 최소한의 자격(366항)에 미달하거나, 취업에 적합하지 않거나, 실

....

* 『베버리지 보고서』에서는 사회보장의 방법을 사회보험(국가보험), 특별한 경우를 위한 국가부조, 그리고 임의보험 세 가지로 구분할 것을 제안했다. 기여에 의한 보편적 국가보험을 주된 제도로 보았으며, 국가부조는 보충적 차원에서 사회보험에 적용되지 않는 극히 일부 사람에게 제한적으로 지급하였고, 급여도 보험급여보다 높지 않은 수준에서 보장하였다는 점에서 베버리지는 국가부조가 연금제도의 발전을 통해 소멸될 것으로 예측했다. 그러나 그의 가정과 달리 현실에서는 사회보험으로 보호할 수 없는 상황이 점차 늘어나고 공공부조의 역할이 계속해서 증가하게 되었다.

업급여, 장애급여, 연금급여와 관련하여 전액 급여를 받지 못하거나, 계층 II나 계층 IV에 속하기 때문에 기여 조건을 충족하지 못하는 사람들은 총소득의 부족을 근거로 유예받을 수 있다(363항).

(b) 급여를 위한 조건을 충족하지 못하는 사람들. 이에 대한 주된 예로 (I) 적절한 고용을 거부함으로써 무조건적인 실업급여를 받을 자격이 없는 남성, 정당한 이유 없이 퇴사한 남성, 불법행위로 해고당한 남성, (II) 고용지원센터나 교육훈련센터에 출석하지 않아 조건부 실업급여를 받을 자격이 없는 사람을 들 수 있다.

(c) 식습관, 돌봄, 기타 문제와 관련하여 이례적인 욕구가 있는 사람

(d) 보험에 적합하지 않은 사유로 인해 도움이 필요한 사람. 예: 유기 또는 별거

372. 통합 자산조사 : 비기여연금, 보충연금, 공공부조를 담당하는 각각 상이한 기관에 의해 이루어지는 욕구와 자산에 대한 세 가지 다른 조사는 서로 다른 계층의 사례와 관련하여 발생하는 다양한 문제를 고려한다고 하더라도 통일된 원칙하에 단일 기관이 관리하는 조사로 대체될 것이다. 부조를 제공하는 것은 한편으로는 욕구를 고려하고, 다른 한편으로는 충족시키기 위한 신청자의 재원을 고려하는 것을 포함한다. 성인과 아동들의 욕구는 193~232항에서 논의된 원칙에 따라 최저생계를 위해 무엇이 필요한지에 대한 추정에 기초해야 한다. 노인의 경우, 기여연금과 관련하여 제안된 바와 같이 궁극적으로는 실업급여와 장애급여를 받도록 하여 최저생계비 이상의 부가수당(margin)을 추가하는 것이 합리적이다. 신청자의 재원에 대한 고려는 고려해야 할 자산의 소유권, 그리고 다른 종류의 자산 관리와 같은 두 가지 질문을 제기한

다. 고려해야 할 자산의 소유권에 대해서는 욕구결정법(Determination of Needs Act)*에 따라 합의에 도달한 경우라도 실질적으로 방해할 이유는 없는 것으로 보인다. 다른 종류의 자산 관리와 관련하여 이 문제는 현재 부분적으로는 법령, 부분적으로는 규정, 부분적으로는 행정 재량에 따라 처리된다. 앞으로는 상원과 하원 의회의 승인을 받고 규정을 만드는 것이 전적으로 중요한 문제가 되어야 한다고 제안한다. 법령에 비해 규정은 변화하는 상황에 대처하기 위해 보다 쉽게 개정할 수 있고, 또한 법령보다 더욱 상세하게 개정할 수 있다는 장점이 있다. 다른 한편으로는 행정적 재량권에 비해 새로운 규정을 제정함으로써 본인에게 부여될 수 있는 추가 권리에 관하여 모든 관계 당사자의 주의를 환기시킬 수 있다는 이점을 가지고 있다. 규정은 모든 공무원, 항소심 재판소(Appeal Tribunals) 구성원, 일반 대중이 이용할 수 있다. 규정에 따라 자본, 소득, 전쟁 장애연금, 사회보험급여, 연금, 기타 소득에 대하여 적절하게 고려된 수당을 만드는 것이 가능할 것이다.

373. 특수한 곤경에 처한 경우 : 보험과 부조에 필요한 합리적이고 정당한 조건을 준수하는 모든 사람을 포괄하는 사회보장제도의 토대에서도 개인의 나약함이나 악행으로 이를 준수하지 못하는 제한된 계층의 사람에 대한 규정이 있어야 한다. 최후의 수단으로, 급여나 부조를 받기 위한 조건을 준수하지 않는 사람이나, 아무런 재원을 남기지 않고 가족을 떠난 사람은 처벌을 받아야 한다.

....

* 1941년 제정된 '욕구결정법'은 신청자의 욕구 및 실업부조나 부가연금을 평가하는 데 모든 가구 구성원의 자원을 평가하는 요구 조건을 제거했다.

374. 부조에 관한 일부 문제 : 부조의 책임을 중앙 당국으로 이양하는 경우, 다음과 같은 사항에 대한 현행 규정을 일부 개정해야 할 수도 있다.

(a) 파업 중이거나 직장이 폐쇄된 사람에 대한 부조 제공

(b) 이후 회생에 따른 대출 부조 제공

(c) 현물 부조 제공

임의보험

375. 임의보험의 범위 : 의무 사회보험은 주요 욕구와 일반적인 위험 (risks)에 대해 최저생계 수준까지 제공한다. 임의보험의 범위는 두 가지로 구성된다.

(a) 의무 급여액을 추가하여 일반적인 위험에 대비하는 최저생계 수준을 넘어서는 것

(b) 보험에서는 충분히 일반적이지만 의무보험을 요구할 만큼 일반적이지도 않고 균일하지도 않은 위험과 욕구에 대처하는 것

임의보험이 실제의 욕구를 충족시키는 한, 이는 사회보장의 필수적인 부분이다. 임의보험을 위한 기회가 제공될 수 있도록 이를 장려해야 한다. 국가는 의무보험급여를 위한 자산조사를 가능한 한 피하고 이러한 급여를 최저생계와 기본적 욕구에 제한함으로써 이를 소극적으로 보장할 수 있다. 국가는 규정, 재정 지원, 임의보험 조직에 직접적으로 관여함으로써 이를 적극적으로 보장할 수 있다. 임의보험에 관한 국가의 조치를 고려할 때는 임의보험이 이미 다양한 분야와 다른 상황들하에서 발전하였다는 사실을 고려해야 한다.

376. 절약의 장려 : 자산이 한정된 사람들의 임의보험 개발과 저축은 다른 관점에서 보아도 바람직하다. 물질적 진보는 기술의 진보에 의해 결정되는데, 이는 투자에 의존하고, 궁극적으로 저축에 의해 이루어진다. 만약 어느 지역사회의 생산물의 분배가 매우 불평등하다면, 저축은 부유층의 잉여 소득이나 분배되지 않은 수익에서 자연스럽게 나온다. 전쟁 후 소득이 현재보다 균등하게 분배되거나 총생산에서 임금이 차지하는 비중이 높아진다면, 임금 근로자와 한정된 자산을 가지고 있는 다른 사람들에게 전가되는 추가 재원의 일부는 즉시 소비되는 대신 저축되어야 한다. 자산의 증가는 다른 측면에서와 마찬가지로 이에 상응하는 의무의 증가를 가져온다. 전쟁 후에도 여러 가지 형태의 전쟁저축운동(War Savings movement)*의 지속적인 추진이 경제정책의 필수적인 기준이 될 것으로 보인다. 국가보험을 보완하기 위한 임의보험 기관들의 개발도 동일한 목적을 (절약 및 저축의 장려―옮긴이) 달성할 수 있고 또 그래야 한다.

377. 노동조합을 통한 실업보험 : 실업을 대비하는 임의보험은 사실상 노동조합에 한정되어 있다. 노동조합은 공공직업소개소(Employment Exchanges)가 있는 국가를 제외하고는 모든 단체 중 유일하게 실업 사실 여부와 피보험자의 취업 가능성을 검증할 수 있다. 노동조합 내에서도 실업을 대비하는 임의보험의 범위는 한정되어 있고 증가할 기미는 보

....

* 영국의 국가적 차원의 저축장려운동으로 1916년부터 1978년까지 유지되었다. 주로 2차 세계대전 당시 전쟁 경비를 충당하기 위해 민간인의 저축을 장려했으며 약 700만 명이 참여했다. 전후에도 보통 사람들이 소액을 간편하고 안전하게 저축하는 방법으로 활용했다. 금리는 낮았으나 정부 보증에 의해 원금 보장이 이루어졌다.

이지 않는다. 국가가 제공하는 것 외에 임의보험으로부터 상당한 것을 추가하는 임금 근로자의 수는 아마도 100만 명을 초과하지는 않을 것이다. 대체로 실업보험은 의무적이어야 효과를 볼 수 있다. 그러나 현행 실업보험제도 아래에서는 스스로 급여를 제공하는 노동조합이 국가급여를 관리하는 대리인 역할을 하고, 이 계정의 관리 비용에 대한 보조금을 받을 수 있는 협의에 따라 임의보험에 대해 더 기회를 주고 장려하는 규정이 제공된다.

378. 특별 제도에 의한 임의보험 : 노동조합의 실직지원금(out-of-work pay)제도는 한정된 수의 숙련된 임금 근로자들이 자신들의 법정 실업급여를 보충할 수 있게 해준다.* 대부분의 피보험자에게는 이러한 보상이 제공되지 않을 뿐 아니라 그렇게 할 수 있는 방법도 쉽지 않다. 일반적인 이유와 사무직 근로자 중 고소득층의 범위로 의무보험이 확대된다는 관점에서 실업에 대비한 추가 보험의 기회를 확대할 수 있는 가능성을 모색해야 한다. 한 가지 분명한 방법은 특정한 산업을 의무보험 영역 외의 수단으로서가 아니라 의무보험에 부가적인 수단으로 특별 제도를 개발하는 것이다. 보험, 은행, 그리고 금융 분야에서 이미 확립된 두 가지 특별 제도는 여기서 제시된 제안으로 인해 일반적 제도의 대안으로 유지될 수 없다. 그러나 사회보험기금과의 협의에 따라 법정 급여를 추가하고 자신의 급여를 관리할 목적으로는 지속적으로 운용할 수 있다. 보충급여를 위한 특별 제도에 법적 제재를 가하는 원칙은

....

* 노동조합의 실직지원금제도는 소수 숙련 노동자의 법정 실업급여를 보충해주는 제도이다. 이는 비숙련 노동자 또는 반숙련 노동자들에게는 인정되지 않았다.

1935년 실업보험법 제72절에 의거하여 이미 인정되었지만, 해당 조항에 의해 부여된 권한은 지금까지 사용되지 않았다. 보험과 은행 분야의 현행 특별 제도를 보면 피고용인이나 국가로부터 직접적인 기여가 없고, 주 2일이나 6일 고용주의 기여가 없이도 일반 제도의 급여를 초과하는 급여를 제공할 수 있는 것으로 나타났다. 그 금액의 절반은 상당한 보충급여를 제공할 것이며, 국가가 이러한 산업의 보험을 동일한 기관에 계속 위탁하는 것을 정당화할 것이다. 만약 이 두 가지 제도를 조성한 단체가 그러한 새로운 목적을 성공적으로 달성할 수 있다면, 다른 산업에도 유용한 사례가 될 수 있을 것이다.

379. 공제급여(friendly benefit) : 상병에 대한 대비는 영국의 임의보험을 위한 노력의 고전적 토대이다. 1939년에 등록된 공제조합은 조합회원 550만 명을 승인했으며, 그해에 회원 1명당 상병 관련 현금급여 지출은 건강보험제도의 회원 1명당 상병 및 장애 관련 지출과 거의 같았다. 즉 550만 회원은 상병에 대비하기 위해 국가 제도로 만들어진 임의보험에 의해 2배로 증가했다. 공제조합이 제공하는 상병급여는 모든 종류의 사고에도 적용된다. 사망, 출산, 노령, 예금보험에 대한 기타 급여는 상당한 규모로 제공된다. 1911년 국민보건보험(national health insurance)이 도입된 이후 공제조합에 등록된 회원은 증가했지만, 이는 극적인 증가라기보다는 꾸준한 것이며, 이러한 조합들은 여전히 장애 급여가 필요한 전체 수의 4분의 1을 넘지 못하고 있다. 그 비율은 의무적 장애급여를 최저생계 수준 이하로 유지하는 것을 정당화하기에는 너무 낮은 수준이다. 그러나 이는 국가가 상병에 대비하기 위한 임의보험과 관련하여 어떠한 조치도 취할 필요가 없도록 만들기에 충분한 규

모이며, 공제조합에 더 기회를 주고 장려하는 규정을 두는 것이 필요하다. 공제급여를 제공하는 공제조합과 노동조합을 국가 장애급여를 관리하는 기관으로 사용하려는 제안의 주요 목적 중 하나는 이러한 조합을 통해 이 분야에서 임의보험으로 국가보험을 최대한 보완하도록 장려하기 위한 것이다.

380. 미등록 공제조합 : 이전 항목에서 언급하였던 등록된 공제조합 외에도 영구성과 재정 안정성을 갖추고 있는 많은 미등록 조합이 존재한다. 공인조합에 소속된 규모가 크고 확고하게 자리 잡은 기관도 있지만 그렇지 못한 조합들도 많이 있다. 현재 공식적인 조사가 없는 관계로 이들 조합의 규모와 체계에 대한 명확한 정보는 거의 없지만, 라운트리 씨가 수집한 요크시의 수치를 살펴보면, 미등록 공제조합의 회원 수는 등록된 조합의 회원 수와 비슷한 것으로 나타났다. 상병 또는 사망 시 지급할 목적으로 기여금을 받는 형태의 모든 조합으로 하여금 등록을 하고 법적 조건을 준수하도록 요구하는 데는 충분한 근거가 있는 것으로 보인다.

381. 수퍼애뉴에이션 제도(Superannuation Schemes) : 노령연금에 추가되거나 노령연금과는 배타적으로 적용되는 퇴직자를 위한 보장책이 현재 전체적으로 많은 직종(공무원, 지방정부 서비스, 교직, 철도 서비스, 공공사업)과 다수의 개별 기업에서 만들어지고 있다. 직종별 임의 제도들(the occupational and voluntary schemes)에 대한 재정비를 위한 시간을 주기 위해 퇴직에 대한 의무보험 개발을 점진적으로 추진하는 것 외에 국가에 의한 특별한 조치가 요구되지 않는다.

382. 생명보험과 기부금 보험 : 일반적 사망에 대비한 장례 비용에 대한 보험 개발과 산업보증회사, 징수협회의 기관을 통한 기부금(endowment)에 대해서는 '부록 D'와 2부의 변경 사항 23에서 논의하고 있다. 그 논의를 기초로 사회보장부 장관의 전반적인 관리하에 영리를 목적으로 하지 않는 산업보증위원회의 설립이 제안되었다. 이 법정위원회에는 징수원을 사용하여 보험을 독점하고 일반 생명보험(life assurance) 분야에 진입하는 것을 방지하기 위해 최대 보험 금액 300파운드의 일반적인 생명보험을 맡을 권한이 주어질 것이다. 위원회는 직원들과 함께 기존 산재보험협회의 업무 대부분을 인수할 것이다. 첫째, 경쟁을 배제하고, 둘째, 징수원을 거치지 않는 보험료 납부를 장려하며, 셋째, 가능한 한 보험 계약자의 영구적 수입 내에 있을 것 같은 보험에 임의보험을 제한함으로써 경제성을 높일 것이다. 이 제안은 바람직하지만 필수적인 것은 아니다.

383. 자영업 소득자의 손실 : 근로계약에 의한 고용이 있는 경우를 제외하고는 일반적으로 실업급여를 제공하는 것은 실현 불가능한 것으로 보인다. 계층 II의 자영업 소득자(Independent Earnings)는 직업을 변경해야 하는 경우 교육훈련급여를 받을 수 있다. 계절적 변동이나 기타 원인으로 인한 직업상 소득 부족에 대한 일반적인 보장책은 마련될 수 없다. 하지만 계층 II의 특정 부분에 대하여 국가 지원이 가능한 임의보험의 가능성은 탐구할 필요가 충분히 있다. 이는 산업보증위원회의 기능이 될 수도 있다.

384. 의무보험의 임의적 지속 : (고용직에서 자영업 소득자로 또는 무급직으

로의) 직업 변경 또는 사무직 노동자의 경우 보수 한도 초과로 인해 질병 또는 연금에 관한 의무보험에서 탈퇴한 사람들은 임의보험에 가입할 수 있다. 이러한 방식은 널리 사용되며, 의료보험이나 연금보험에 거의 100만 명의 임의적 납부자가 가입하고 있다. 의무보험이 계층 II와 계층 IV로 확대되고 보수 한도가 폐지되면 기존 제도에서 새로운 제도로의 전환 과정에서 문제가 발생하겠지만 이러한 임의적 가입 방식은 불필요하게 된다. 의무 기여금에 대한 대가로 의료 서비스, 퇴직연금, 장례 보조금은 상시 이용이 가능하게 될 것이다. 계층 I이나 계층 II에서 장애급여에 기여한 후 퇴직연령 이전에 유급 직업을 포기한 사람들은 장애급여를 위한 보험을 지속적으로 허용해야 한다고 주장할 수 있다. 해답은 현금 장애급여는 의료적 치료와는 달리 장애로 인해 손실된 소득에 대한 보상이라는 것이다. 장애가 발생한 시점에 소득이 없는 것으로 인정되는 경우에 적용한다.

운영

385. 사회보장부 : 사회보험, 국가부조, 임의보험을 포함한 '사회보장을 위한 계획' 전체의 운영은 내각 장관 산하 사회보장부가 담당한다. 사회보장부는 현금급여, 부조의 운영과 이와 관련된 기타 작업들을 위해 지역 사회보장사무소와 지역별 네트워크를 구축할 것이다. 사회보장부는 보건부의 범위에 속하는 의료 치료에 대해서는 책임을 지지 않는다. 하지만 질병을 예방하고 사회보험기금의 부담을 경감하기 위한 대책을 추진하기 위해 사회보장부와 보건, 복지 관련 부처 합동위원회가 설

치될 것이다. 정부 부처의 기관에서는 다음 두 가지 사항이 매우 중요한 것으로 간주된다.

(a) 피보험자의 다양한 욕구에 대처하기 위한 모든 종류의 지역 기관들의 긴밀한 접촉과 분권화

(b) 대중을 위해 봉사하고 사람들의 문제에 대해 관심을 가지고 이해할 수 있는 기능을 수행할 직원의 선발과 교육

386. 고용 서비스 : 노동병역서비스부의 고용 서비스는 실업보험 관리와 함께 사회보장부로 이관되거나, 고용병역서비스부 기능의 일부로 유지되는 경우 지역 사회보장사무소에서 관리될 것이다.

387. 전쟁연금 : 사회보장부와 연금부(Ministry of Pensions)의 관계는 추가로 고려해보아야 할 문제이다. 연금부는 본질적으로 다음과 같은 이유로 인한 장애와 사망에 대한 보상과 관련된 전쟁연금부(Ministry of War Pensions)이다.

(a) 전쟁 중 군 복무 및 이와 관련된 보조 업무

(b) 상선, 어선, 등대선 선원들이 전쟁으로 입은 부상

(c) 민방위 대원(Civil Defence Services)들이 복무 중 입은 부상

(d) 전쟁으로 인한 민간인 부상

연금부는 1914년부터 1918년까지의 전쟁으로부터 시작되었다. 전쟁 이후 전쟁연금의 관리를 다른 부서와 통합하거나 아니면 관세부 간접세무국(Customs and Excise Department)의 노령연금 관리와 같이 다른 부서에서 행사하는 기능을 연금부에 추가하자고 여러 차례 제안을 하였다. 하지만 아무 성과가 없었다. 전쟁에 참여한 남자들과 여자들의

공정한 대우에 관심이 있는 사람들은 전쟁으로 인한 장애를 근거로 하는 청구에 대하여 정의롭고 동정적인 보답을 확실하게 정하는 것의 중요성을 올바르게 인식하고 있다. 이러한 목표는 과거에도 별도의 정부 부처를 두는 것이 가장 좋은 것으로 나타났다. 한편, 장래에 연금부의 의뢰인은 모두 사회보장부의 의뢰인이나 잠재적 의뢰인이 될 것이다. 두 부처의 합병은 그 사람의 피해가 무엇이든 간에 현금 지급에 대해서는 한 부처와 거래하게 되는데, 이는 전쟁연금 지급, 장애급여, 후견급여, 퇴직연금 사이의 조정을 편리하게 하는 이점을 갖게 될 것이다. 이는 직원의 중복을 피하게 만들고, 다가오는 전쟁연금의 점진적인 감소에 맞추어 직원을 쉽게 조정할 수 있을 것이다. 이런 가능한 이점들이 별도의 전쟁연금부를 유지하는 이유보다 더 중요한지에 대한 여부는 충분한 검토가 필요한 문제이다. 치료와 관련해서도 비슷한 문제가 발생한다. 보건 부처와 노동병역서비스부에 의해 만들어진 포괄적인 보건 재활사업을 전제로 하면, 이 서비스는 전쟁으로 인한 장애로 고통받는 사람들을 위한 별도의 제공에 우선하여 이용되도록 제공되어야 한다.

388. 피보험자의 등록 : 사회보험 업무에는 각각의 피보험자, 기여분, 그리고 급여 등록의 보관 및 관리도 포함된다. 노동자 재해보상과 연금을 위해 보관되는 기록 외에 실업보험과 건강보험에 관한 각 공인조합의 기록이 별도로 보관되는 경우 관련된 총 작업은 현재보다 훨씬 줄어들 것이다. 이 등록 자료를 중앙에서 보관해야 하는지 아니면 6개 또는 7개의 지역 등록으로 분산해야 하는지에 대한 질문이 생길 것이다. 각 방법에는 장단점이 있다.

389. 사회보험기금 : 모든 의무보험 기여금은 사회보험기금으로 납부될 것이며, 모든 급여와 기타 보험금은 해당 기금에서 지급될 것이다. 부조는 재무부에서 제공하는 돈으로 지급될 것이다. 다음 항목에서 설명하는 사회보험법정위원회는 기금의 재정 상태를 정기적으로 보고하고 기금이 분할될 다양한 계정에 따라 기금의 소득을 부채로 조정하기 위해 기여금과 급여의 변경을 권고할 의무와 권한을 갖는다.

390. 사회보험법정위원회 : 실업보험법정위원회와 연계하여 다음과 같은 권한을 가진 사회보험을 위한 법정위원회가 설립될 것이다.

(a) 사회보험기금과 각 계정의 재정 상태에 대한 정기 보고서 작성, 해당 보고서에 따른 기여금과 급여의 변경에 대한 권고

(b) 위원회의 심의가 있을 때까지 6개월 이내에 잠정적으로 규정과 명령을 발효시킬 수 있는 장관의 권한에 따라 모든 규정과 명령이 작성되기 전에 보고한다.

(c) 장관이 지시한 사항에 대한 보고

(d) 최저생계 욕구에 대한 급여의 적절성에 관해 보고하고, 화폐 가치의 변동에 따라 급여액을 조정하는 데 필요한 급여와 기여금의 변동을 권고한다.

391. 산업보증위원회 : 임의보험의 업무가 국가를 대신하여 직접 거래되는 한 장관의 일반적인 소관에 따라 독립된 재정과 법적 권한을 가진 산업보증위원회에 의해 수행된다(181~192항과 '부록 D' 참조).

392. 공제조합과의 협의 : 질병에 관한 의무 현금급여 관리자이며 재정

적으로 독립적인 공인조합은 사라지겠지만, 상당한 금액의 공제급여를 제공하는 조합은 사회보장부와 협의하에 임의급여와 의무 제도의 급여를 함께 지급하는 대리인 역할을 할 수 있을 것이다. 따라서 장애급여의 관리에 필수적인 부분을 유지하며 장애의 경우 단일한 재원으로부터 전액 현금 제공을 받을 수 있는 개인적 이점이 있다. 이러한 방식은 66~69항에서 설명한 바와 같이 공제조합과 공제급여를 주는 노동조합 모두에 적용된다. 이러한 방식을 선택하는 것은 관련 조합의 동의에 달려 있다. 이를 성사시키기 위한 제안은 바람직하지만 필수적인 것은 아니다(72항 참조). 실업급여에 관한 노동조합과의 기존 방식은 동일한 선상에서 지속될 것이다.

393. 제조·생산산업법정협회(Statutory Associations in Scheduled Industries) : 사고나 질병의 산업적 위험이 평균보다 현저히 높은 제조·생산의 각 산업과 이것이 바람직한 것으로 보이는 다른 산업에서는 91~92항에 명시된 목적을 위해 고용주와 근로자의 법정협회가 설립된다.

394. 급여에 대한 항소 : 금액, 조건, 기간과 같은 급여 청구에 관련된 사회보장부나 그 대리인에 의한 모든 결정은 기존의 심판재판소(행정심판원, Courts of Referees)*와 유사한 독립지방행정심판소(Independent Local Tribunals, 1심)에 항소할 수 있다. 독립지방행정심판소의 결정에

....

* 행정심판원은 1865년 설립된 의회의 행정심판 기관으로, 12인의 위원으로 구성된다. 연금이나 보조금 등과 관련하여 적은 액수의 대량 분쟁이 발생하는 경우 이를 신속하고 경제적으로 해결하기 위한 기구이다.

불복하는 경우, 왕립 재정인(Umpire appointed by the Crown)*에게 항소(2심)를 제기할 수 있으며, 왕립 재정인의 심판은 최종심의 결정이된다. 항소심 절차는 지방행정심판소의 약식 절차를 준용하며, 산업연금과 산업 보조금에 대한 청구**를 제외하고 모든 항소 절차는 동일하게진행된다[336항 (c) 참고].

395. 기여금에 대한 항소 : 기여금의 종류를 포함하여 기여금 책임에 관련된 장관이나 그 대리인에 의한 결정은 마찬가지로 심판재판소(행정심판원) 의장이 구성하는 일반 지방행정심판소에 항소할 수 있으며, 왕립 재정인에게 다시 항소를 제기할 수 있다. 심판원과 일반 지방행정심판소 판결 사이의 관계에 대한 문제는 추가 검토가 필요한 사항이다.

396. 아동수당 : 제안된 아동수당을 관리하기 위하여 즉 지급을 승인하고 실행하기 위해 일부 기관이 필요할 것이다. 424항에 제시된 이유를근거로, 이러한 목적을 수행하기에 가장 적합한 부서는 사회보장부인것으로 보인다. 하지만 사회보장부는 아동들의 복지와 교육을 위해 정부 당국과 긴밀히 협력해야 한다.

....

* 왕립 재정인은 국가기관으로서 일반적인 분쟁을 중재하는 역할을 맡고 있다. 오늘날 사회 입법의 모델이 된 1911년 국민보험법에서 실업보험에 관한 불복은 행정심판원에 청구하고, 심판원의 결정에 대한 불복은 왕립 재정인에게 하도록 정했다(국민보험법 Appendix Ⅲ 참조).

** 산업연금과 산업 보조금에 대한 평가는 해당 업무에 특화된 공무원에 의해 수행되며, 행정심판원을 대신하여 세 명의 정규위원으로 구성되는 특별지방행정심판소(Special Local Tribunals)에 이의를 제기할 수 있다.

397. 시민들을 위한 조언(Advice to Citizens) : 여러 기관에 분할되어 있는 현행 사회보장 기능의 심각한 단점 중 하나는 피보험자가 자신의 권리와 의무를 이해하고 시스템을 통해 자신의 사건을 처리할 적절한 기관에 이르는 길을 찾는 데 어려움을 겪고 있다는 점이다. 이는 피보험자의 직접적인 손실이나 지연뿐만 아니라, 때로는 부당한 억울함이나 관심의 결여로 이어진다. 사회보장제도가 여기에서 제안하는 방식으로 통합되고 단순화된다 하더라도, 사회보장제도는 여전히 다양한 사람들의 복잡다단한 욕구들을 처리하기 위해 많은 부품으로 복잡하게 이루어져 있는 기계라 할 수 있다. 아무리 명확하게 쓰여 있더라도 시민들이 공식 팸플릿을 읽고 모든 것을 알아내도록 할 수는 없다. 모든 지역의 사회보장 사무국에는 사회보장 관련 공식 규정뿐만 아니라 다른 모든 기관(공식 기관, 준공식 기관, 자발적 기관, 중앙 기관이나 지역 기관)과 관련하여 의문이 있거나 어려움에 처한 모든 사람이 자문을 얻을 수 있는 부서가 있어야 한다.

398. 통계와 정보 : 사회보장부는 자체 자료뿐만 아니라 같은 분야에 대한 다른 국가의 경험을 활용할 수 있는 최고의 리더십과 충분한 자원을 갖춘 통계정보과(Division of Statistics and Intelligence)를 두어야 한다. 사회보장부는 기금의 부담을 경감시킬 수 있는 보다 많은 지식을 얻기 위한 연구 수행을 위해 보조금을 지급할 수 있어야 한다.

6부

사회보장과 사회정책

409. 이 보고서에서 우리는 사회보장을 일정 수준의 소득보장이라는 의미로 사용한다. 보고서가 제시하는 '사회보장을 위한 계획'은 소득을 유지함으로써 궁핍으로부터의 자유를 얻기 위한 계획에 다름 아니다. 그러나 충분한 소득만으로 이러한 목적이 달성되지는 않는다. 궁핍으로부터의 자유는 인간에게 필요한 여러 가지 자유 가운데 하나일 뿐이다. 어떠한 좁은 의미의 '사회보장을 위한 계획'도 많은 영역의 사회정책이 조화를 이룰 때 가능하지만, 이 보고서에서 그러한 영역 대부분을 논의하기는 부적절할 것이다. 보고서의 계획은 소득보장과 밀접한 관계가 있는 세 가지 구체적인 가정들을 포함한다. 따라서 계획 자체를 이해하기 위해서라도 간략한 논의는 반드시 필요할 것이다. 여기서 세 가지 가정이란 아동수당, 포괄적인 보건 및 재활 서비스, 고용 유지를 말한다. 이러한 세 가지 가정을 조사한 후에 즉각적인 전후 목표로서 궁핍으로부터의 자유의 실현 가능성과 전쟁 중 사회 서비스 계획 재구

성의 적절성을 다룰 것이다.

가정 A. 아동수당

410. '사회보장을 위한 계획'을 뒷받침하는 세 가지 가정 중 첫 번째는 보편적인 아동수당 체계이다. 이는 아동 부양비를 아동 돌봄을 책임지고 있는 사람에게 수당의 형태로 직접 지급하는 것을 의미한다. 이 가정은 다음과 같은 두 가지 상호 연관된 논의에 기초한다.

411. 첫째, 최저생활을 유지하기에 충분한 소득을 보장하려는 계획이 이치에 합당하려면, 실업이나 장애로 벌이가 중단되어도 벌이가 있었을 때만큼의 충분한 소득이 보장되어야 한다. 사회보험은 국민 최저기준 정책의 일부여야 한다. 하지만 실제로 저마다 규모가 다른 모든 가족의 최저수준을 임금 체계만으로 보장할 수는 없다. 임금 체계는 가족 규모가 아닌 남성 가장의 노동 성과에 기초하기 때문이다. 양차 세계대전 사이에 실시된 영국의 사회조사들은 20세기 첫 30년 동안 실질임금이 약 3분의 1 증가했으나 빈곤은 유의미하게 줄어들지 않았으며, 이처럼 빈곤 상태에 변화가 없는 이유는 거의 전적으로 두 가지 요인 (소득능력의 중단이나 상실, 그리고 대가족) 때문이었음을 보여준다.

412. 둘째, 실업이나 장애 시에 받게 되는 수급액이 일할 때 발생하는 소득과 같거나 그 소득보다 많게 된다면 위험하다. 하지만 소득이 있든 없든 간에 아동수당이 없다면 이러한 위험이 발생하는 것을 피할 수

없다. 우리는 과거 실업급여와 실업부조를 받는 상당수의 경우에서 이러한 위험을 경험했다. 전쟁의 여파로 과거 어느 때보다 노동을 비롯한 여러 자원의 유동성이 증가하고 있으나, 이러한 유동성이 없다면 고용을 유지(사회보장의 세 가지 가정 중 세 번째이자 가장 중요한 가정)할 수 없을 것이다. 고용을 유지하기 위해서는, 누구든 일할 때와 일이 중단되었을 때 받는 소득의 격차가 가능한 한 커야만 한다. 대가족을 유지해야 하는 사람들의 경우, 이러한 격차를 크게 유지하기 위해서는 실업과 장애급여액을 부족하게 지급하거나, 아니면 소득이 있든 없든 간에 동일하게 아동수당을 지급하거나 할 수밖에 없다.

413. 이 두 가지 논의가 사회보장이라는 문제에서 직접적으로 기인한다면, 인구 수와 아동 돌봄이라는 문제에서 기인하는 논의들도 있다. 현재의 출산율이 지속된다면 영국인은 지구상에서 사라지게 될 것이다. 따라서 최근의 재생산율(rate of reproduction)* 추이를 역전시킬 수 있는 방안이 마련되어야 한다. 아동수당을 비롯한 다른 어떤 경제적 유인이 그 자체로 출산율 역전의 수단이 될 것 같지는 않다. 자녀를 바라지 않던 부모가 돈을 받겠다고 아이를 양육할 것 같지는 않기 때문이다. 그럼에도 아동수당은 출생률을 회복하는 데 도움이 될 수 있다. 아동수당으로, 자녀를 더 가지고 싶어 하는 부모는 이미 태어난 자녀들의 기회를 해치지 않으면서 아이를 낳을 수 있을 뿐 아니라, 아동이 국

....

* 사회인구학에서 재생산율은 한 여인이 일생 동안 여아를 몇 명 낳는가를 나타내는 지표이다. 합계출산율(total fertility rate)은 가임 여성(15~49세) 1명이 평생 동안 낳을 것으로 예상되는 평균 출생아 수를 나타낸 지표이다. 일반출산율은 총 출생아 수를 당해 연도의 가임 여자 인구로 나눈 수치를 1,000분비로 나타낸 것이다.

가의 관심사라는 신호를 주어 출산에 대한 여론의 긍정적 분위기를 형성할 수 있을 것이다. 아동 돌봄과 관련해서는, 미래에 지금보다 대가족을 유지하게 될 가능성이 커질 수 있다는 것은 차치하더라도, 오늘날 적은 수의 가족 역시 태어난 모든 아동은 받을 수 있는 최고의 돌봄을 받아야 한다는 인식을 가지게 될 것이다. 건강한 삶의 토대는 아동기에 구축되어야 한다. 아동수당은 부모가 그들의 책임을 다하는 데 일조할 뿐만 아니라, 공동체가 새로운 책임을 받아들이는 계기로 여겨져야만 한다.

414. 이제는 아동수당의 일반 원리를 받아들일 수 있을 것이다. 하지만 사회보장의 관점에서 그러한 수당들을 구체적으로 제안하는 것이 보다 바람직할 것이다. 확정해야 하는 가장 중요한 사항은 아동수당의 재원, 규모, 수당 지급 대상 아동, 수당 관리 기관과 관련된다.

415. 아동수당의 재원과 관련하여, 이 보고서는 아동수당이 비기여 방식이어야 한다는 입장이다. 즉 아동수당은 전적으로 조세에서 지급되어야지, 결코 보험 기여금에서 나와서는 안 된다. 우리는 실용적인 이유에서 이러한 입장에 도달했다. 첫째, 갹출이라는 목적에 부합하는 정액 분담은 제안하기에 적절한 금액이어야 한다. 또한 균일한 보험 기여금은 인두세(poll-tax)이거나 고용에 부과되는 세금일 수밖에 없으며, 부과할 수 있는 타당한 기여금 액수는 제한적이며 무한정 인상하는 것은 불가능하다. 둘째, 아동을 대상으로 하는 급여는 확실히 어느 정도는 현물로 지급되어야 한다. 그러나 보고서의 입장에 따른다면, 아동수당은 주로 현금으로 지급되어야 하며, 그 액수는 언제든 현물 지급에

상응하는 금액이어야 한다. 이때 아동수당 비용이 갹출 보험 체계가 아니라 국가에서 지급된다면, 이러한 현물-현금 조정은 아마도 보다 수월하게 이루어질 것이다. 이 두 가지가 현실적인 이유라면, 원칙의 측면에서 다음과 같이 두 가지 방식의 주장을 펴는 것도 가능하다. 한편으로, 아동수당이란 공동체가 아동에게 기울이는 직접적인 관심의 표현으로 여겨져야 한다고 말할 수도 있다. 다른 한편으로, 아동 부양은 인간이라면 누구에게나 생길 수 있는 우발적인 일의 하나이므로 보험 기금 갹출을 통해 대비해야 한다고 주장할 수도 있다. 원칙적으로 어느 쪽을 주장하든, 현실적으로는 양쪽 모두 수당 비용이 공유되어야 한다는 주장일 수 있다. 실제로 이 보고서에서는, 모든 가족의 경제적 부담을 국가와 부모가 함께 부담하는 방법의 하나로, 부양 책임이 있는 부모가 소득이 있는 경우, 각 가족의 첫 번째 자녀는 아동수당 지급 대상에서 제외하자고 제안한다. 하지만 부양 책임이 있는 부모가 소득이 없는 경우라면 첫 번째 자녀에게도 수당이 지급된다. 즉 첫 번째 자녀의 아동수당은 실업, 장애, 후견급여에 부가되어 지급된다. 나머지 자녀들에 대한 수당이 전적으로 국가의 몫이라면, 첫 번째 자녀의 아동수당 비용은 사회보험기금에서 지급되는 것이 더 타당할 것이다. 현재 실업보험에서 제공하는 아동수당의 비용도 실업기금에서 지급되고 있기 때문이다. 전체적으로 볼 때, 모든 아동수당 비용은 부모의 소득 여부와 무관하게 국고에서 지급되는 것이 더 합리적이라고 판단된다. 다시 말해 아동수당은 비기여식으로 지급되는 것이 더 타당해 보인다. 아동수당은 비기여식이긴 하지만 사회보장부의 관리를 받을 수도 있을 것이다. 하지만 그러한 경우라도, 아동수당의 비용은 사회보험기금이 아니라 국고 특별 보조금에서 지급되어야 한다.

416. 아동수당의 규모와 관련하여, 226~228항에서는 아동수당으로 음식, 의복, 연료, 조명 등 다양한 연령의 아동에게 필요한 욕구들이 빠짐없이 충족되어야 한다고 규정하면서, 이를 위해 1938년 물가를 기준으로 전체 아동의 평균 수당액을 주당 7실링으로 산정했다. 하지만 232항에서는 전후 물가 상승을 고려하고 아동에게 학교 급식과 무상 혹은 저렴한 가격의 우유가 제공된다는 점을 감안할 때, 기존 급부에 더해 주당 평균 8실링의 아동수당을 지급하자고 제안한다. 그렇다고 해서 이러한 현금수당이 모든 아동에게 동일하게 지급되어야 한다는 것은 아니다. 모든 아동에게 같은 금액이 지급되는 것 아니냐는 추론에 대해서는 다음과 같은 두 가지 반론이 제기될 수 있다.

417. 첫째, 아동수당의 목적은 부모에게 도움을 주는 것이지 부양에 따른 부모의 경제적 책임을 완전히 면제하는 것이 아니라는 주장이 제기될 수 있다. 이러한 주장에는 상당한 근거가 있다. 일하는 남성이나 여성의 부양자녀 모두에게 완전한 최저생활 보장 수당을 지급하는 것은 낭비일 수 있으며, 빈곤 철폐에 필요한 조치라고 보기는 확실히 어려울 수 있다. 성인 남성 한 명의 임금으로 성인 두 명과 아동 한 명을 부양하기에 부족한 경우는 거의 존재하지 않는다. 따라서 아동 부양 책임이 있는 부모에게 소득이 있는 경우라면, 아동수당으로 자녀의 양육 비용 전부를 경감시켜주려고 할 필요는 없다. 보고서의 관점에 따른다면, 그렇게 하는 것은 옳지 못할 뿐 아니라 부모와 공동체의 책임에 대한 불필요하고 달갑지 않은 간섭일 것이다. 이 경우 두 가지 방법을 취할 수 있다. 하나는 모든 아동에게 실제 부양비보다 적은 수당을 지급하는 것이고, 다른 하나는 모든 가족의 한 자녀에 대해 수당을 지급하지 않는

대신에 나머지 자녀 모두에게는 상당량의 혹은 부양비 전체를 수당으로 지급하는 것이다. 보고서에서는 보다 타당하다고 여겨지는 두 번째 방법을 채택한다. 이 방법으로 공동체는 곤란을 겪지 않는 부모에게까지 지급하던 아동수당 비용을 크게 줄이는 대신 공동체가 부담하는 전체 비용에서 대가족이 차지하는 비율을 늘릴 수 있다. 이는 결과적으로 아동수당의 빈곤 예방 효과를 증가시키고 대가족을 장려하는 데 아동수당이 행사할 수도 있을 영향력을 증가시킬 것이다.

418. 둘째, 전문가들이 뭐라고 하든, 여섯 자녀를 둔 모든 어머니라면 여섯 자녀를 양육하는 데 드는 비용이 한 자녀를 먹이고 입히고 따뜻하게 하는 비용의 6배가 들지는 않는다는 사실을 잘 알고 있다. 따라서 한 자녀를 돌보는 데 1938년 물가로 주당 7실링(전후 잠정 추산액으로는 9실링)이 필요하다는 주장에 동의한다고 하더라도, 여섯 자녀를 둔 가족에게 주당 42실링을 지급하는 것은 과도할 수 있다.

421. 부양 책임이 있는 부모가 소득이 있는 경우라면 둘째 자녀부터, 그리고 부양 책임이 있는 부모가 소득이 없는 경우라면 첫째를 포함해서 모든 자녀에게 기존의 현물 급여에 더해, 전후 잠정 추산액으로 주당 평균 8실링의 아동수당이 지급될 것이다. 실제로 아동수당은 균등하지 않게, 나이에 따라 차등적으로 지급되어야 한다. 아동의 욕구는 나이가 들수록 급격히 증가하기 때문이다. 또한 실제로 아동의 연령별 현금수당 총액은 연령별 현물 지급을 고려해서 결정되어야 한다. 보고서의 관점에 따르면, 아동 현금수당을 현물 지급으로 완전히 혹은 많은 부분 대체하려는 시도는 바람직하지 않다. 사회정책의 원칙은 부모

가 져야 할 모든 책임을 면제하는 것이 아니라, 부모가 각자의 책임을 이해하고 이행하도록 돕는 것이어야 한다. 그러나 어떤 타당한 이유에서 현물 지급을 크게 늘려야 할 수도 있고, 이러한 상황이 연령별 현금 수당에 각기 다른 영향을 줄 수도 있다. 여기서 주당 평균 8실링의 추가 수당을 현금 혹은 현물로 지급하자는 제안 이상을 제시하는 것은 가능하지 않다.

422. 아동수당을 받아야 하는 대상 아동과 관련하여, 가장 단순한 계획은 대상을 소득 있는 부모의 첫째 자녀를 제외한 모든 아동으로 확대하는 것이다. 합리적인 소득 상한선을 설정한다고 해서 재원을 크게 절약할 수 있는 것은 아니다. 아동수당을 자산과 무관하게 모든 가족에게 지급한다는 것은 수당이 필요 없는 부유한 사람들에게까지 돈을 지급한다는 의미이다. 그러나 이는 현재 자녀를 감안해 매겨지고 있는 소득세 환급 조정을 통해 바로잡을 수 있다. 그렇다고 아동수당으로 세금 환급을 대체해야 한다는 의미는 아니다. 세금과 수당은 별개의 문제이며 상이한 동기를 가진다.

423. 아동수당은 16세까지, 또한 아동의 상시 정규 교육이 끝날 때까지 지속되어야 한다. 이따금 생애 첫 소득이 불충분하다는 이유를 들어 아동수당을 소득이 개시된 최초 6개월 또는 1년 동안 지속해야 한다는 주장이 제기되기도 한다. 하지만 이러한 주장은 아동수당이 청소년 임금에서 보조금 역할을 함으로써 임금을 계속 억제하는 요인으로 작용할 것이라는 반대에 직면해 있다. 성인 근로에 비해 청소년 근로가 점점 줄어들면서 청소년의 임금은 증가할 것으로 보이며, 그에 따라 보조금

은 필요치 않을 것이다.

424. 아동수당의 관리와 관련하여, 수당이 실제로 주 단위로 지급되건 아니면 월 단위로 지급되건 간에, 혹은 우편으로 지급되건 아니면 대면으로 지급되건 간에, 모든 지역에 전담 부서 사무소를 설치하여 요청을 접수하고 관장하며 수당 지급을 통제할 수 있도록 해야 한다. 보고서가 제안하는 사회보장부야말로 설사 아동수당이 보편적으로 지급된다 하더라도 이러한 목적에 가장 잘 부합하는 기관으로 보인다. 만약 아동수당이 둘째부터로 제한된다면, 그래서 첫 번째 자녀를 위한 수당이 실업이나 장애급여에 부가되어야 한다고 하면, 사회보장국을 활용하자는 주장은 더욱 힘을 얻게 된다. 유일한 대안은 아동을 다루는 기관(이를테면 5세 이하 아동의 경우는 아동복지센터, 취학아동의 경우는 학교)을 활용하는 것으로 보인다. 이 경우 현금 아동수당은 청소년 돌봄 체계의 일부가 될 것이다. 원칙적으로 이러한 주장에도 타당한 근거가 있다. 그러나 그러한 계획을 위해 기존 관리 기구를 이용할 수 있을지는 확실치 않다. 가장 자연스러운 계획은, 현금 지급은 사회보장부에, 아동 돌봄과 감독은 건강과 교육 관련 당국에 맡기고 두 기관의 중앙 부처와 지역 사무소 간에 공조하도록 하는 것이다.

425. 이상의 논의로부터 다음과 같은 실천적 결론을 끌어낼 수 있다.
   (1) 아동수당의 재원과 관련하여, 부모가 소득이 있는 경우는 첫 번째 자녀를 제외한 모든 자녀에 대해, 부모의 소득이 중단된 경우는 첫 번째 자녀까지 국고에서 비용을 지급해야 한다.
   (2) 기존의 현물 급여에 더해 주당 평균 8실링의 아동수당이 지급되어

야 한다. 실제 수당은 아동의 연령에 따라 등급이 매겨져야 한다. 현물 급여가 해당 등급의 기준을 초과하는 경우, 현금수당은 삭감되어야 한다.

(3) 현금수당은 사회보장부에서 관리해야 한다.

가정 B. 포괄적인 보건 및 재활 서비스

426. 두 번째 가정은 두 가지 축으로 구성된다. 의학적 처치를 통해 질병과 장애를 예방, 치료하는 국민보건서비스가 한 축이라면, 의학적 처치와 치료 이후의 처치를 통해 재활과 고용 복귀를 가능하게 하는 것이 다른 한 축이다. 관리의 측면에서 두 가지 축으로 구성되는 가정 B는 보건 관련 부처와 노동병역서비스부 양자 간의 협력으로 실현된다. 이 부서들 사이에 정확한 책임 소재를 나누는 문제는 지금 정할 수도 없고, 또 정할 필요도 없다. 이 보고서가 이들 두 가지 측면을 같은 가정 아래 묶은 이유는 의학적 처치와 치료 이후의 처치를 이 단계에서 정확히 구분하는 것이 불필요하기 때문이다. 적절한 사회보장 체계를 갖추기 위해서는 반드시 가정 B를 충족해야 한다는 사실은 강조할 필요도 없을 것이다. 국가는 장애로 인해 급여 혜택이 필요한 사람들의 수를 줄이기 위해 결연히 노력해야 한다. 장애 수급액이 높게 책정되는 것은 그러한 노력의 필연적 결과이다. 또한 개개인은 건강 상태를 양호하게 유지하고 질병 예방이 가능한 초기 단계를 비롯하여 질병 진단의 모든 과정에 협력하는 것이 시민의 의무임을, 높은 장애급여비 수령의 전제임을 인식해야 한다. 질병과 사고는 그것으로 생산력이 약화되고 실업

에 이를 수도 있다면 비록 직접적인 보험급여 방식을 빌리지 않더라도 모든 경우에 급여가 제공되어야 한다. 하지만 질병과 사고에 따른 비용은 간접적이 아닌 공개적이고 직접적인 보험급여의 형식으로 제공하는 것이 보다 바람직하다. 비용을 강조하고 예방을 고무할 수 있기 때문이다. 물론 가정 B를 실현하는 방법과 관련하여 주된 문제들은 무엇보다 의학적 처치 영역에서 제기된다. 재활은 많은 잠재력을 지닌 새로운 치유 활동 분야이다. 하지만 국가 지출의 측면에서 재활 비용은 의학적 처치 비용과 비교할 때 그 중요도가 떨어진다.

427. 가정 B의 첫 번째 부분은 포괄적인 국민보건서비스를 제공해야 한다는 것이다. 국민보건서비스로 모든 시민은 재택 치료든 아니면 시설 치료든, 일반의나 전문의 진료든 아니면 자문의의 진료든, 필요한 모든 의학적 치료와 치료 방식을 보장받을 것이다. 또한 치과, 안과, 수술 장비, 간호와 산파, 사고 후 재활에 이르는 모든 서비스의 제공을 보장받을 것이다. 의료 서비스 비용이 사회보험 기여금에 포함되어 있든 그렇지 않든 간에, 의료 서비스 자체는 다음과 같아야 한다.

(ⅰ) 사회보험 관련 부처가 아니라 국민의 건강을 책임지는 부서, 치료용 조치뿐 아니라 적극적이고 예방적인 조치를 담당하는 부서가 보건 서비스를 조직해야 한다.

(ⅱ) 보건 서비스는 서비스가 필요한 개인 누구에게든 기여와 무관하게 제공되어야 한다.

다른 무엇보다 환자의 건강 회복은 국가의 의무이자 환자 본인의 의무이다. 이 보고서에서 제시되는 가정은 영국의학협회(British Medical Association) 산하 의료계획위원회(Medical Planning Commission)의 중간보고서 초안(Draft Interim Report)에 제시된 다음과 같은 의료 서비스의 목적과 일치한다.

(a) 의료 서비스 체계는 적극적인 건강관리, 질병 예방, 질병의 완화 달성을 목표로 한다.

(b) 모든 개인이 일반의와 전문의, 재택 치료와 시설 치료를 포함하여 필요한 모든 의료 서비스를 이용할 수 있어야 한다.

429. 재정적 문제를 다룰 때 재택 치료와 시설 치료, 치과와 안과 치료 같은 특별 서비스, 내과나 외과 장비 및 간호 혹은 요양 보호소의 제공 같은 보조 서비스는 별개의 항목들로 고려하는 것이 바람직하다.

430. 현재 재택 치료 급여는 의료보험 적용 대상자에게만 지급된다. 따라서 피보험자 본인의 경우는 급여가 강제 기여금에서 지급되지만, 피부양자의 경우는 청구되는 치료비를 직접 지불하거나 아니면 공공의료 서비스 조합들을 통한 임의 기여금에서 지급받는다. 피보험자가 이러한 부담에서 완전히 벗어나기 위해 그러한 부담을 납세자의 몫으로 돌릴 수도 있을 것이다. 하지만 이러한 대안에는 의료보험 부담을 가능한 낮게 유지할 수 있다는 것을 제외하면 별다른 확실한 이유가 존재하지 않는다. 현금급여에서 기여의 원칙이 유지되어야 하는 것처럼, 의료 서비스의 경우에도 마찬가지다. 재택 치료의 비용 일부가 기여금에 포함되는 경우가 있는 것으로 보인다. 이는 사회보험기금의 수입 중 일부가 의료 서비스 비용에 대한 보조금으로 보건 부서에 지급된다는 것을 의미한다. 이 자금의 관리는 보건 부처의 소관이다.

431. 더욱이 이러한 제안이 가져올 한 가지 결과는 반드시 짚고 넘어가야 할 것이다. 우리는 이 보고서에서 소득과 무관한 강제적인 사회보험 체계를 제안한다. 사회보험 체계의 기여 계층 I, II, IV는 비록 그들이 보장받게 될 현금급여액에 따라 상이한 기여금을 납부하기는 하지만, 소득 계층이 아니다. 따라서 각 계층 안에는 부유한 사람도 있고 가난한 사람도 있다. 의학적 치료를 위한 어떠한 기여금도 이들 세 계층 모두에게, 즉 각 계층에 속하는 모든 이에게 부과되어야 하며, 계층 III(전업주부)과 계층 V(아동)에 속하는 그들의 피부양자를 포괄해야 한다. 만약 의학적 치료를 위한 기여금이 보험 기여금에 포함된다면, 기여금들이 포괄하는 인구는 의료계획위원회의 중간보고서 초안이 가정하는 것처럼 90%(현재 보장을 받고 있는 피보험자와 그들의 부양자)가 아니라 100%가 될 것이다. 이것이 그 자체로 개업의를 사라지게 하는 결과를 초래하지는 않을 것이다. 개업의에게 진료를 받고 싶어 하고 또 그럴 정도의 충분한 자산을 가진 사람들은 의료 서비스가 민영 진료 서비스를 제공하는 한, 그러한 치료 서비스를 위해 별도의 금액을 지불할 수 있을 것이다. 이는 마치 공교육 체계가 모두에게 열려 있지만, 사립학교 교육을 위해 별도로 비용을 지불하는 경우와 같다. 물론 그 누구도 별도의 비용을 지불하라고 강요당하지는 않을 것이다. 하지만 일반의가 개업할 수 있는 여지는 매우 제한적이어서 그러한 서비스를 유지할 만한 가치는 없어 보일 수도 있다. 그러므로 개업의를 위한 상당한 여지를 남겨두면서도 진료비가 부과되지 않는 서비스를 특정 소득 하한선 아래 위치한 사람들에게만 제공하기를 바란다면, 모든 사람이 소득과 무관하게 보험료를 지불해야 하는 보험 기여금 체계 속에 의료 서비스 기여금을 포함시키는 것은 불가능할 것이다.

432. 시설 치료는 소액의 부가 급여를 제외하면 현재의 의료보험에 포함되지 않는다. 공공병원을 이용하는 시민은 누구라도 비용을 반환해야 한다. 즉 자산이 있는 경우라면 자산에 따라 비용을 지불해야 하며, 자산이 없는 경우라면 무료로 이용할 수 있다.

437. 포괄적인 의료 서비스를 구축하는 데 따르는 몇몇 문제들에 대한 고찰을 통해 한 가지 확실한 것은, 이 보고서만으로는 의료 서비스의 재정적 기초에 대해서조차 최종적이고 상세한 안을 제출하는 것이 불가능하다는 사실이다. 우리는 보다 진전된 조사가 즉각적으로 이루어질 필요가 있다고 제안한다. 조사 과정에서 의료 서비스의 재정과 조직은 함께 고려되어야 하며, 병원을 비롯하여 여러 시설을 설립, 운영하고 있는 공적, 사적 조직들과 관련 전문가들의 자문을 받아야 할 것이다. 사회보장의 관점에서 볼 때, 의료 서비스를 통해 한 사람도 예외 없이 모든 시민에게 모든 종류의 완전한 예방적, 치료적 처치를 제공할 수 있다면, 더욱이 그러한 처치가 소득과 무관하게 언제든 필요한 순간에 지체 없이 또한 경제적 장벽 없이 이루어질 수 있다면 그야말로 더할 나위 없는 이상적인 계획일 것이다. 따라서 우리는 사회보장 계획의 일환으로 제시된 기여금의 일부로 의료 서비스 비용을 지급하자고 제안한다. 이렇게 되면 모든 시민이 집에서 혹은 시설에서, 치과 치료든 혹은 보조 서비스든 치료비 부담 없이 자신에게 필요한 모든 종류의 치료를 받을 수 있게 될 것이다. 또한 우리는 기여금에서 지급하게 될 비용 총액을 의료 서비스 관련 부처 혹은 부서들로 이전하여 전체 의료 서비스 비용의 일부(아주 일부에 불과할 수도 있다)를 충당할 것을 제안한다. 그러나 이러한 제안 역시 잠정적일 뿐이며, 조직과 재정을 통합

적으로 분석할 수 있는 보다 진전된 조사에 비추어 재검토되어야 할 것이다. 사회보장부의 주된 관심사는 국민보건서비스의 세부 사항들이 아니라 재정 마련이다. 사회보장부는 예방과 치료를 통해 질병을 감소시킬 수 있는 의료 서비스를 발견하는 데 관심이 있다. 따라서 우리가 이 보고서에서 제안하는 비율로 급여 지급을 통제할 필요가 있는지를 꼼꼼하게 따져보게 될 것이다.

가정 C. 고용 유지

440. 바람직한 사회보험 체계라면 고용을 유지하고 대량 실업을 예방할 수 있어야 한다고 말하는 데는 다음과 같은 다섯 가지의 이유가 있다. 앞의 세 가지는 사회보험의 세부 사항과 관련이 있으며, 가장 중요한 네 번째 이유는 사회보험 원리와 관계가 있고, 다섯 번째는 사회보험의 비용을 충당하는 문제와 관련된다.

첫째, 실업이 발생한 시점부터 끝나는 시점까지 무조건으로 현금수당을 지급하는 것은 실업 기간이 짧은 경우에만 타당하다. 실업 기간이 길어질 경우, 아무런 일을 하지 않는데도 소득이 있다면 도덕적으로 해이해질 수밖에 없다. 따라서 보고서에서 우리는 실업이 일정 기간을 경과한 이후부터는 고용지원센터나 교육훈련센터에 참가하는 것을 조건으로 실업수당을 지급하자고 제안한다. 하지만 적용 대상이 10만이나 100만 명에 이른다면, 이 방법을 쓰는 것은 불가능하다.

둘째, 실업에 대한 유일한 만족스러운 시험은 일자리를 제공하는 것이다. 하지만 이는 대량 실업이 발생한 상황에서는 효력이 없으며,

불가피하게도 정교한 기여금 납부 조건에 의지할 수밖에 없다. 변칙 규제(Anomalies Regulations)*와 같은 모든 장치는 바람직한 실업보험 체계라면 피해야 하는 방식이다.

셋째, 노동시장의 상태는 부상자나 환자의 재활과 회복뿐 아니라, 난청과 같은 부분적 질환을 앓고 있는 사람들에게 적절하고 유용한 직업을 제공할 가능성에도 직접적인 영향을 미친다. 대량 실업이 발생하고 있는 시기라면, 실업수당을 받는 사람들은 적극적으로 실업 상태에서 벗어나고 싶은 마음이 들지 않을 것이다. 반면에 전쟁 시기처럼 노동에 대한 수요가 활기를 띠는 때라면, 고용이 가능하도록 환자와 장애를 입은 사람들의 회복이 촉진될 것이다.

가장 중요한 이유인 넷째, 소득보장은 사회보험이 성취해야 하는 가장 중요한 목표지만, 소득보장만으로 인간의 행복이 달성되지는 않는다. 따라서 소득보장을 그 자체로 재건의 유일한 혹은 가장 중요한 척도라고 여길 만한 가치는 없는 것으로 보인다. 소득보장과 함께 국가가 모든 사람에게 노동의 실제 절대적인 연속성이 아니라 생산적 고용의 합리적 기회를 보장하기 위해 필요하다고 인정되는 만큼 힘을 발휘하겠다는 결연한 의지를 표명하는 것이 반드시 필요하다.

다섯째, 공동체는 '사회보장을 위한 계획' 비용 전체를 감당할 수 있을 만큼 힘이 있어야 하겠지만, 그 비용은 막대해서 불가피한 비용 지출이 생기기라도 하면 감당하는 것이 불가능해질 수도 있다. 실업과 관련하여 급여의 지출은 늘어나는데 그러한 지출을 감당해야 할 소득은

....

* 1931년 영국 실업보험의 변경으로 특정 노동자의 실업급여 청구를 제한했다. 이 규정에 의해 주로 기혼 직장 여성이 영향을 받았으며, 1936년 기준 65만 명 가운데 32만 명이 제외되었다.

줄어드는 것이야말로 최악의 지출 형태일 것이다.

443. 노동의 수요를 안정화하는 '사회보장을 위한 계획'의 가능한 효과는 여러 이점 중 하나이고, 강조할 가치가 있다. 그러나 그러한 중요성이 과장되어서는 안 된다. 그것은 단지 부가적 수단일 뿐 고용 유지와 관련한 주요 문제를 다루지는 않는다. 왜냐하면 고용의 유지를 위해서는 다른 정책 수단이 필요하기 때문이다. 만약 그런 정책 수단들이 준비되지 않고 효과를 거두지 못하면, '사회보장을 위한 계획'을 통해 획득된 많은 것들이 낭비될 것이다.

현실적인 전후 목표로서의 궁핍의 해소

444. '사회보장을 위한 계획'의 목표는 자신의 능력에 따라 실행하려는 의지를 가진 모든 국민이 언제나 자신의 책무를 충족시킬 수 있을 만큼 충분한 소득을 보장함으로써 궁핍으로부터 벗어나게 하는 것이다. 이 목표는 현재 전쟁 직후 즉각 성취할 수 있는 것인가?

448. 앞에 제시된 경제적 주장은 돈의 관점이 아니라 생활수준과 실질임금에 관한 것이다. 만약 그 주장이 타당하다면 소득재분배를 통한 궁핍의 해소가 우리의 분수에 맞게 가능하다는 것이 명백하다. 적절하게 분배된다면 전체적인 부담을 감당할 수 있다는 사실이 현명하게 분배되지 않는다면 감당할 수 없다는 것을 의미하지는 않기 때문이다, 재정의 관점에서 사회보장 계획을 위해 어떻게 재원을 조달할 것인가의 문

제는 실질적인 문제이기는 하지만 부차적인 것이다. 부담의 현명한 분배는 4부에서 요약한 대로 '사회보장을 위한 계획'의 목표이다. (중략)

449. 이 절의 주장을 간단하게 요약할 수 있다. 궁핍의 해소는 생산물에 대한 분배의 개선을 이해하지 않은 채 단지 생산량을 증가시키는 것만으로는 이루어지지 않는다. 올바른 분배는 과거에 이해되었던 생산의 상이한 요인, 즉 토지, 자본, 경영, 노동 사이의 분배를 의미하는 것이 아니다. 구매력 분배의 개선은 임금 소득자 자신들 사이에서 소득이 있는 시기와 없는 시기, 그리고 가족에 대한 책임이 큰 시기와 적거나 없는 시기에 따라 각 임금 노동자들의 구매력 분배의 개선이 이루어져야 한다. 사회보험과 아동수당 모두 부의 재분배를 위한 중요한 방법이다. 더 나은 분배가 복지에 보탬이 되지 않을 리가 없으며, 적절한 설계가 이루어지면 균형 잡힌 성장을 유지하면서 부를 증대시킬 수 있다. 행정적인 낭비 또는 생산 의욕의 감소라는 결과를 가져오지 않는 한, 분배로 인해 부가 줄어드는 일은 일어나지 않는다. 사회보험을 통합함으로써 현행 방식으로 인해 발생하는 재원의 낭비가 많이 줄어들 것이다. 부의 재분배가 적절하게 설계되고, 관리되며, 재원 조달이 잘 이루어진다면 의욕을 고취하는 결과를 가져오게 될 것이다.

450. 영국에서 궁핍은 현재의 전쟁 직전에 해소될 수 있었다. 우리 영국 국민들이 더욱더 가난해지고 그 가난이 계속되지 않는 한, 즉 다시 말해 우리 국민들의 생산성이 과거에 비해 그리고 그들의 선조에 비해 낮아지지 않는 한, 전쟁 이후 궁핍은 해소될 것이다. 경험과 반대로 우리 영국 사람들의 생산성이 낮아질 것이라고 믿지는 않을 것이다. 궁핍

으로부터의 자유가 전쟁 이후 조기 달성될 수 있는 목표라고 할 수 있는가에 대해 다음의 네 가지 조건이 이루어진다는 가정하에 긍정적이라고 답할 수 있다.

(1) 전후 공개적이든 은밀하든 간에 전쟁으로 상호 파괴할 계획을 짜기보다 모든 국가가 평화롭게 생산을 위해 협력한다.

(2) 전후 변화된 조건에 상응하는 영국의 경제정책과 구조의 재조정이 이루어져서 생산적인 고용이 유지된다.

(3) '사회보장을 위한 계획', 다시 말하면 소득 유지를 위해서 불필요한 행정 비용과 다른 재원의 낭비가 없는 계획이 채택되어야 한다.

(4) '사회보장을 위한 계획'의 성격에 관한 결정, 다시 말하면 사회보험과 관련 서비스의 조직에 관한 결정이 전쟁 종료 전에 이루어져야 한다.

451. 현시점에서 네 번째 조건이 충족되지 않아야 할 이유가 있는가? 모든 위험에 대해 소득보장을 목적으로 하는 사회보험과 관련 서비스의 재구성은 합리적인 사람이라면 누구나 동의하는 일반적 목표이다. 이것은 많은 분파적 이익에 영향을 미치는 변화를 포함하지만, 정치적 원칙 또는 정당의 이슈를 제기하지는 않는다. 이를 위해서는 시간이 필요하고 계획과 관련하여 입법과 조직 등 방대한 세부 작업이 필요하며 이를 위해 시간이 필요한 것은 당연한데, 전후 불확실한 여파로 인해 현재보다 시간이 더 부족할 수도 있다. 따라서 궁핍의 해소를 위한 사회보장 계획이 전쟁 이전까지 준비를 마치기 위해서는 전쟁 중인 지금 미리 준비되어야 한다.

전쟁 중 평화를 위한 계획 세우기

455. 사회보장의 추구는 잘못된 목표라고 생각하는 사람들이 있다. 그들은 사회보장을 진취성, 모험, 개인적 책임과 조화될 수 없는 것으로 생각한다. 그러한 견해는 이 보고서에서 계획하고 있는 사회보장에 대해 정확하게 이해하고 있지 못하는 것이다. '사회보장을 위한 계획'은 모든 사람에게 아무런 대가 없이, 고생 없이 어떤 것을 주려고 하는 것이 아니고, 수급자를 개인적인 책임으로부터 영원히 해방시켜주는 것도 아니다. 사회보장 계획은 근로와 기여금의 조건을 충족한 사람에게만 제공되며, 그들을 근로 제공에 적합한 사람으로 만들고 유지하기 위해서 최저생계를 위한 소득을 보전해주는 것이다. 사회보장 계획은 사색과 노력이 없이는 이루어질 수 없다. 이 계획은 어떤 경제적, 도덕적 정당성이 없는 물질적 궁핍이라는 불명예로부터 벗어나겠다는 영국 민주주의의 집중된 결단에 의해서만 수행될 수 있다. 그러한 노력이 이루어질 때, 이 계획을 통해 모든 개인들은 국민최저선 이상의 무언가를 스스로 쟁취하고, 단순히 물질적인 욕구를 넘어 보다 새롭고 높은 욕구를 충족시키는 수단을 찾아내고 만들어내기 위해 노력하게 될 것이다.

456. 이 보고서에서 정의한 사회보장, 즉 소득보장의 추구가 완전히 부적절한 목표라고 말하는 일부 사람들도 있다. 그들의 견해는 이 보고서에서 주장만 제시되었을 뿐이고 결코 용납되지 않는다. '사회보장을 위한 계획'은 사회정책의 일반적 프로그램의 한 부분으로 제시되었다. 이는 5대 거악에 대한 공격의 일부분이다. 거악과 직접적으로 관련이 있는 물질적 '궁핍', 종종 궁핍을 야기하기도 하고 또 다른 문제를 발생시

키는 '질병', 민주주의가 시민들 사이에서 자리 잡을 수 없게 만드는 '무지', 산업과 인구의 무계획적 분배를 통해 주로 발생하는 '불결', 잘 먹거나 못 먹든지 간에 게으름으로 재산을 파괴하고 사람을 타락시키는 '나태'가 바로 그것이다. 사회보장을 추구하는 것은 단지 물질적 궁핍에 반대하는 것은 아니며, 모든 형태의 거대 악에 반대하는 것이다. 그리고 사회보장이 자유, 진취적 정신, 자신의 삶을 위한 개인의 책임과 결합될 수 있다는 것을 보여줌으로써, 영연방 국가와 영국의 전통을 이어받은 국가의 사람들은 인류의 진보를 위해 큰 공헌을 하는 것이다.

457. 영국의 궁극적인 미래에 대한 믿음이 부족해서가 아니라 신중론의 입장에서, 이 보고서에 제시된 공공지출의 계획을 전격적으로 실행하기에 앞서 전쟁 후에 실제로 그 지출을 충족시킬 수 있을 만큼의 재원이 충분히 증대될 수 있는지 먼저 살펴봐야 한다고 말하는 사람들도 있다. 이러한 신중함은 당연한 것이다. 그렇지만 그렇게 생각하는 사람들 또한 연금에 포함되는 급여나 기여분이 정확하게 얼마가 되는지, 또는 기여연금이 (그 수치는 변동될 수 있으며 지출이 증대되는 속도도 증가하거나 감소할 수 있지만) 적정한 수준에 이르기까지 그 기간이 몇 년이 걸리든 상관없이 하나의 구성 방법으로서 이 계획을 지지할 수도 있다. '사회보장을 위한 계획'은 가장 시급한 욕구를 우선적으로 해결하고, 이용 가능한 자원을 최대한 활용할 수 있게 해주는 무엇보다 중요한 소득재분배 방법이다. 비록 전체적인 자원이 바람직한 삶의 수준을 충족시키지 못한다 할지라도 이를 실행할 가치는 있다. 그러나 어떠한 경우라도 과학적 근거를 통해 여기에 제시된 급여와 연금 이하의 물질적 수준을 인간의 생존 수준에 적합한 것이라고 정당화해서는 안 된다는 점

을 명심해야 한다. 실업, 질병에 대한 급여나 아동에 대한 수당이 이 보고서의 제안보다 낮은 수준인 경우, 직접적으로 현실적인 손해가 나타나는 것은 아니지만, 간접적으로는 결핍과 인간의 능력 저하로 나타날 수 있다.

458. 사회보험을 재건하는 것, 그리고 보다 더 평화로운 세계를 위해 다른 계획을 세우는 것이 아무리 바람직해 보일지라도, 그러한 모든 걱정과 관심은 이제 한쪽에 미루어두고 영국 국민은 오늘날 전시의 시급한 과제들에 더 집중해야 한다고 말하는 사람들도 있다. 영국과 그 연합국이 직면하고 있는 전쟁의 시급함이나 어려움은 더 말할 나위 없이 중요하다. 현재의 투쟁에서 승리하여 살아남아야만 자유, 행복, 온정이 세상에 살아남을 수 있다. 모든 시민이 최선의 노력으로 전쟁의 목적에 집중할 때에만 승리를 일찍 쟁취할 수 있게 된다. 그렇다고 해서 다음의 세 가지 사실이 바뀌는 것은 아니다. 먼저, 승리의 목적은 이전 세상보다 더 나은 세상에 사는 것이다. 둘째, 자신들의 정부가 보다 나은 세상을 위한 계획을 준비하고 있다는 것을 느낀다면, 그 시민들은 그만큼 전시 거국 총동원에 더 집중할 것이다. 셋째, 만약 이러한 계획들이 적기에 준비되어야 한다면, 바로 지금이 적기인 것이다.

459. 전쟁 중인 국가에 의한 재건정책 선언은 승리를 쟁취했을 때 국가가 그 승리를 거둔 이후 승리를 어떻게 사용할 것인가에 대한 선언이다. 많은 국가가 전심전력으로 연합하여 싸워야만 하는 전쟁에서 승리를 거두려면, 그 승리를 어떻게 이용할 것인가에 대한 선언이 필수적이다. 대서양 동쪽과 서쪽의 민주주의 국가 지도자들이 전쟁 이후 정립되

기를 원했던 세계의 특징을 정리한 헌장에 자신들의 손을 얹는 것은 바로 이를 인정한 것이다. 「대서양헌장(The Atlantic Charter)」*의 서명은 이후 유엔(UN)**으로 계승되었다. 헌장의 다섯 번째 조항은 "만인을 위한 노동 조건의 개선, 경제 발전, 그리고 사회보장을 위한 목적을 가지고 경제 분야에서 모든 국가 간의 완전한 협력을 이끌어내기를" 바라는 미국과 영국 지도자들의 소망을 보여준다. 이 보고서의 제안은 다섯 번째 조항의 마지막 구절인 사회보장의 달성을 위한 실질적인 기여를 위해 설계되었다. 이 제안은 「대서양헌장」에 나오는 문구들을 행동으로 실행하기 위한 것들을 다루고 있다. 이 제안은 국가가 공동의 대의라는 이름으로 그들의 동료 전사들을 희생시켜서 시민들의 이익을 확보하려는 시도가 아니라, 바로 그 공동의 대의를 위해 기여하는 것을 표현한다. 영국인들의 부를 증가시키는 것에 관심이 있다기보다는, 필수적인 신체적 욕구와 같이 제일 중요한 문제들을 가장 먼저 해결하기 위해 그들이 이용할 수 있는 모든 부를 전체적으로 분배하는 것에 관심

....

* 2차 세계대전 중 1941년 8월 14일 윈스턴 처칠 영국 총리와 프랭클린 루스벨트 미국 대통령이 북대서양 캐나다 뉴펀들랜드섬에서 회담을 개최했다. 여기에서 발표한 자결권과 경제사회적 협력 등 연합국이 구상하는 전후 세계 질서에 대한 14개 조항을 「대서양헌장」이라고 부른다.

** 2차 세계대전 중 1941년 8월 워싱턴 회의에서 루스벨트 미국 대통령은 처칠 영국 총리에게 연합국을 가리키는 용어로 '국제연합(United Nations)'을 제안했다. 처칠은 이 용어가 조지 고든 바이런(George Gordon Byron)의 시집 『차일드 해럴드의 순례』에서 사용된 표현이라고 지적하면서 동의했다. 1941년 11월 루스벨트, 처칠 등이 주도해 국제연합 선언문 초안이 작성되었다. 그 후 소련의 스탈린과 협의하여 이 문서가 확정되었다. 당시 루스벨트는 미국, 영국, 소련, 중국을 '4대 강국'으로 표현했다. 1942년 4국 대표에 의해 '국제연합 선언'이 발표되었다. 전쟁 중 '국제연합'은 연합국을 가리키는 공식 용어가 되었다. 1944년 프랑스 파리 해방 이후 「유엔헌장」의 초고가 작성되었다. 그 후 1945년 4월 샌프란시스코에서 50개국의 정부가 참여한 국제연합 회의가 개최되었다.

이 있다. 이 제안들은 평화 시기에나 전쟁 시기에 정부의 목적이 통치자 또는 종족의 영광이 아니라 보통 사람들의 행복이라는 신념의 표현이다. 정부 형태의 차이를 떠나 「대서양헌장」에 처음 손을 얹었던 지도자들의 국가들을 포함한 민주주의 국가들과 그들의 모든 연합국을 결속시켜주는 신념이다. 이러한 믿음으로 인해 유엔의 결속이 이루어지며, 우리는 적들과 구별된다.

460. 영국 정부의 요청에 따라 부처 합동위원회는 영국이 참여했던 전쟁 중 가장 야만적이고, 가장 전면적이고, 가장 심각한 전쟁을 치르는 동안 영국의 사회 서비스를 조사하고 사회 서비스의 재건을 위한 계획을 검토하는 임무를 수행했다. 이 보고서를 마무리하면서, 이러한 위기 속에서도 시간과 노력을 아끼지 않고 위원회의 업무에 도움을 준 여러분들, 업무 분산과 감원 그리고 시급한 전쟁 과제에 몰두할 수밖에 없는 힘든 상황 속에서도 다양한 비망록을 준비하고 증거 제출을 위해 위원회에 참석한 분들, 그리고 진솔한 마음과 애국심을 가지고 제안서들에 대해 열띤 토론을 해준 분들에게 감사의 인사를 전하지 않을 수 없다. 때로는 전쟁 중에 이러한 문제들을 고려하는 것이 필요한 것인가, 그리고 지금 전쟁의 문제에 보다 노력을 집중하고 재건 문제에 최선을 다하기 위해 위원회의 업무를 보다 여유 있는 시기로 미루어야 하는 것이 아닌가 하는 질문들이 제기되었다. 이러한 질문이 제기될 수도 있는데, 이에 대해서는 다음과 같이 답변을 하고자 한다. 위원회에 참석했거나 제안서를 준비한 많은 분들이 위원회의 문제에 대해 보여준 관심은 아마도 우리 국민의 정서를 진정으로 반영하는 것이고, 재건을 진행해야 하는 시기에 대한 올바른 판단을 나타내는 것이었으리라고 본다.

전쟁이 한창인 시기에 사회 서비스의 재건을 계획하는 일에 어려움이 있는 것은 사실이지만, 그만큼 장점도 있다. 궁핍의 예방과 질병의 감소 및 구제, 즉 사회 서비스의 특별한 목적은 실제로 모든 국민의 공통된 관심사다. 전쟁은 국민적 통합을 가져오기 때문에 평화의 시기보다 전쟁의 시기에 그 사실을 더 간절하게 인식할 수 있을 것이다. 전쟁 중에는 국민 통합 의식과 공동의 대의를 위해 기꺼이 개인의 이익을 희생하려는 마음가짐으로 인해 모든 이들이 사회 서비스를 진보로 받아들일 수 있는 변화가 야기될 수 있지만, 다른 때에는 그러한 변화가 어려울지 모른다. 전쟁의 압박이 아무리 힘들다 하더라도 전쟁에만 무작정 매달려 사는 것이 아니라, 앞으로 다가올 일들에 대해 관심을 늦추지 않겠다는 영국인들의 결의에는 의심의 여지가 없어 보인다. 그것은 결국 민주주의의 본질, 국민 투쟁 정신, 그리고 투쟁의 목적과 일치한다. 그들은 전쟁 자체를 위하거나 지배나 복수를 위해서가 아니라, 평화를 위한 전쟁이라는 것을 이전보다 훨씬 명확하게 의식하면서 전쟁에 임하고 있다. 오늘날 민주주의 연합 세력들이 강한 힘과 용기 그리고 자신들의 분명한 소망과 같은 구상들을 보여줄 수 있다면, 또한 현재의 총력전(total war) 속에서도 더 나은 평화를 계획할 수 있다면, 그들은 두 개이지만 사실상 분리될 수 없는 두 개의 승리를 모두 거둘 것이다.

461. 궁핍으로부터의 자유는 어느 하나의 민주주의에 의해 강요되거나 주어지는 것이 아니다. 궁핍으로부터의 자유는 민주주의 연합세력에 의해 쟁취되는 것이다. 궁핍으로부터의 자유에서 승리하기 위해서는 용기, 신념, 국민적 단합 정신이 필요하다. 이것은 사실과 난관에 직면하고 극복하려는 '용기', 미래에 대한 '신념'과 수 세기 동안 우리의

조상들이 죽기를 자처하고 지켜온 페어플레이와 자유의 이상에 대한 '신념', 그리고 특정한 계급과 분파의 이익을 초월한 '국민적 단합의 정신'을 가리킨다. 이 보고서의 '사회보장을 위한 계획'은 현재의 최대 위기 속에서 국가 안보를 결정하는 국가들(영국, 미국 등 연합국―옮긴이) 사이에서 사회보장과 정의의 승리를 동시에 성취하는 데 중요한 역할을 수행하는 물질적, 정신적 힘인 용기, 신념, 국민적 단합이 영국 국민에게 가득 차 있다고 믿는 사람(베버리지 자신―옮긴이)에 의해 제출되었다.

W. H. 베버리지

1942년 11월 20일

보론

베버리지의 복지 사상을 읽는다 이정우
『베버리지 보고서』의 사회개혁과 역사적 의의 김윤태
우리가 다시 '베버리지'를 보아야 하는 이유 윤홍식

베버리지의 복지 사상을 읽는다[*]

이정우

베버리지의 생애

영국 복지국가의 아버지로 칭송받는 윌리엄 헨리 베버리지(William Henry Beveridge, 1879~1963)는 1879년 3월 5일 영국 식민지인 인도 뱅골 지방(현재 방글라데시)의 랑푸르에서 태어났다. 그의 아버지는 식민지 인도의 판사였고, 어머니는 전직 교사였다. 그는 5살 무렵 영국으로 건너가 한동안 독일인 가정교사 아래에서 자랐다. 1892년 13살의 베버리지는 그래머스쿨(영국의 7년제 명문 중·고등학교)인 차터하우스(Charterhouse)에 입학했다. 베버리지는 고전문학과 수학에서 재능을 보였고 그 밖의 과목에는 관심이 없었다. 그는 1897년 옥스퍼드대학교에 입

....

* 이 글은 졸고, 「케인스주의와 복지: 베버리지와 케인스」(김윤태 엮음, 『복지와 사상』, 한울, 2016)를 약간 수정, 가필한 것이다.

학해서 역시 고전과 수학을 전공했다. 1학년 때는 수학을 공부하다가 1년 뒤 고전문학으로 전공을 바꾸었다. 그곳에서 그는 평생의 동지이자 영국사에서 중요한 인물인 리처드 헨리 토니(Richard Henry Tawney)를 만나 교유했다.

대학을 졸업한 뒤 1903년 베버리지는 빈민촌 밀집 지역이던 런던 이스트엔드(East End)에 있는 토인비홀(Toynbee Hall)에서 복지사 겸 연구원으로 일했다. 토인비홀의 수련은 베버리지에게 "정책이란 반드시 치열한 연구와 상세한 분석을 기반으로 해야 한다"는 신념을 안겨주었다. 그리고 토인비홀에서의 경험은 그를 단순히 연구자로만 있게 하지 않았다. 런던실업기금 창설에 앞장서고, 실업자 단체의 중책을 맡고, 실업을 퇴치하기 위해 전국 직업소개소를 도입하는 캠페인에 나서도록 하는 등 실천적인 지식인으로 변모케 했다(이창곤, 2014).

이 무렵 그는 시드니 웹(Sidney Webb), 비어트리스 웹(Beatrice Webb) 부부를 만나 친분을 쌓았고, 이들의 저작과 빈곤 연구가 찰스 부스(Charles Booth)의 책을 읽고 큰 감명을 받았다. 그는 당시 유행하던 사회주의 사상의 영향을 받았지만 사회주의를 공산주의와는 다른 것으로 이해했고, 그가 생각하는 사회주의는 사유재산을 폐지하는 것이 아니고 자본주의 체제를 유지하면서 국가의 적절한 개입에 의해 점진적으로 사회문제를 해결해나가는 것이었다. 그는 단순한 복지사 또는 연구자가 아니라 사회개혁가의 면모를 가지고 있었다.

그가 20대의 나이에 빈곤 문제와 직접 몸으로 부딪치며 일하던 런던의 이스트엔드는 지금은 금융 중심지이지만 100년 전에는 유명한 빈민촌이었다. 케임브리지대학교 경제학과의 아서 피구(Arthur C. Pigou)가 교수 취임 강연에서 학생들에게 경제학을 공부하는 동기로 여러 가

지를 나열한 뒤 그 동기가 모두
훌륭하지만 그중에서도 혹시 학
생들 가운데 오늘 아침 이스트엔
드의 빈민촌을 지나면서 빈민들
의 참상을 목격하고 그들의 고통
을 덜어주기 위해 경제학을 공부
해야겠다고 결심하고 여기에 와
있다면 그것은 경제학을 배우는
가장 훌륭한 동기라고 연설한 일
화가 유명하다.

1910년경 30대의 베버리지 모습.

　베버리지는 1907년 영국 페
이비언 사회주의의 지도자 비어
트리스 웹의 소개로 당시 산업부 장관으로 있던 정치가 윈스턴 처칠
을 만났다. 베버리지는 그 뒤 처칠과 평생 가까이 지냈는데, 나중에 보
게 되듯이 『베버리지 보고서』에 대한 처칠의 냉대가 자신의 정치적 생
명을 단축시켰다는 점은 아주 역설적이다. 베버리지는 시드니 웹과 비
어트리스 웹 부부가 창설했던 런던정경대학(LSE) 학생들을 가르쳤고,
1919년에서 1937년까지 무려 18년 동안 총장을 지냈다. 1937년에는
자리를 옮겨 옥스퍼드대학교 유니버시티칼리지 학장을 역임했다.

　그 뒤 베버리지는 정부에 들어가 노동부에서 근무했는데, 당시 노
동부의 어니스트 베빈(Ernest Bevin) 장관과는 사이가 나빴다. 그는
1941년 6월 영국의 사회보장을 총괄적으로 연구하는 위원회의 책임자
로 임명되었다. 어떻게 보면 상당히 명예로운 자리였지만 베버리지는
베빈 장관이 자기를 노동부에서 쫓아내기 위해 위원장에 임명했다고

생각해서 크게 화를 냈고, 처음에는 전혀 일을 하지 않았다. '자기중심적인 자유주의자'로 평가받는 까다로운 성격의 베버리지는 자신의 새 직책이 '이름뿐인 자리 앉히기'였다고 생각했다. 후일 그는 이와 관련해 "(위원장 임명은) 베빈 장관이 나를 노동부에서 쫓아내기 위한 일환이었다"고 회고했다(이창곤, 2014).

그런데 베버리지가 마음을 다잡고 보고서 완성에 힘을 쏟은 결과 1942년 말 드디어 완성된 보고서(통칭 『베버리지 보고서』) 때문에 그가 일약 세상에 이름을 떨치고 영국 복지국가의 아버지로 칭송받게 된 것을 생각하면 '인간 만사는 새옹지마'라는 말이 떠오른다. 베버리지는 개인적으로 성격이 괴팍한 데가 있었고, 지적 오만이 있어 다른 사람들과 쉽게 사귀는 편이 아니었다. 그리고 특이하게도 히틀러와 비슷하게 우생학을 신봉했다고 한다. 그는 1963년 84세를 일기로 세상을 떠나기 직전 "나는 할 일이 천 개나 있다"는 말을 마지막으로 남겼다고 하니 엄청난 일벌레(work-holic)였던 것 같다.

『베버리지 보고서』(1942)

1941년 6월 영국의 연립정부는 '산재보험 및 기타 기존의 국가보험과 그 관련 서비스의 상호관계를 비롯한 실태를 조사하고 필요한 권고를 제시할 것'을 임무로 하는 위원회를 위촉했고, 그 위원장은 베버리지가 되었다. 이 시기에는 영국뿐만 아니라 미국, 캐나다, 호주 등 세계 여러 나라에서 비슷한 사회보장 개혁 조처가 이루어졌는데, 그것은 전쟁과 밀접한 관련이 있다. 오랜 전쟁에 지친 각국 정부는 전쟁이 끝나고 나면 세상은 보다 살기 좋고 편안해져야 한다는 암묵적 합의에 도달하고 있었다(George, 1968, chapter 1).

예를 들어 1940년 발표된 「대서양헌장」 제5조는 "전쟁이 끝난 뒤 국제연합 회원국의 경제정책 목표는 만인에게 보다 나은 노동기준을 제공하고 경제진보와 사회보장을 제공해야 한다"고 천명하고 있다. 1941년 1월 4일 발표한 유명한 연두교서에서 루스벨트 대통령은 "전후 세계는 4대 자유에 기반을 두어야 한다"고 주장했는데, 이것은 미국뿐만 아니라 유럽에도 큰 영향을 미쳤다.* '사회보험과 관련 서비스에 관한 부처 합동위원회'는 전쟁이라고 하는 결정적으로 중요한 시대적 배경 속에서 발족했으며, 그 내용에도 전쟁 시기의 분위기가 반영되어 있다. 예를 들어 이 보고서의 마지막 문장은 아래와 같다. "이 보고서의 '사회보장을 위한 계획'은 현재의 최대 위기 속에서 국가 안보를 결정하는 국가들(영국, 미국 등 연합국—옮긴이) 사이에서 사회보장과 정의의 승리를 동시에 성취하는 데 중요한 역할을 수행하는 물질적, 정신적 힘인 용기, 신념, 국민적 단합이 영국 국민에게 가득 차 있다고 믿는 사람(베버리지 자신—옮긴이)에 의해 제출되었다."

당시 영국의 사회복지제도는 여러 부처 사이에 산만하게 흩어져서 운영되고 있었다. 산재보험은 내무부, 실업보험은 노동부, 의료보험은 보건부, 비기여 노령연금은 국세청, 기여 노령연금은 보건부, 보충연금은 실업부조청, 전쟁 희생자 및 유족 소득보장은 연금부, 과부 및 고아 보호는 보건부, 빈민법 관련 업무는 지방정부위원회가 담당했다(김

....

* 루스벨트가 말하는 4대 자유는 1) 언론의 자유, 2) 신앙의 자유, 3) 궁핍으로부터의 자유, 4) 공포로부터의 자유다.

성이, p. 183). 이런 행정상의 중복, 혼란, 난맥상 때문에 엄청난 비효율이 일어나고 있어서 개혁 조처가 불가피했다. 페이비언협회와 노조에서는 이런 불합리한 제도의 시정을 요구하고 있었다. 이런 배경 속에서 위원회가 발족한 지 1년 반 만인 1942년 말 드디어 보고서가 완성됐다. 1942년 12월 역사적인 보고서 『사회보험과 관련 서비스(Social Insurance and Allied Services)』가 출간됐다.

이 보고서는 원래 정부 여러 부처의 합작품으로 기획되었고, 보고서의 내용은 실제로 정부의 공동 노력으로 완성되었다. 정부는 애초 이 위원회의 임무를 단순한 업무 조정작업 정도로 생각했는데 베버리지는 진짜 일을 열심히 했다. 당시 정부는 보고서의 내용을 알고는 '많은 논란을 불러일으킬 정책적 쟁점을 안고 있는 사안'으로 판단했다. 그래서 베버리지에게 내용의 수정을 요구했다. 그러나 베버리지는 이를 단호히 거절했다. 결국 정부는 위원회에 참여한 공무원들을 부처의 대표가 아닌 자문관으로 위치를 격하했고, 보고서의 발간 주체도 위원회가 아닌 베버리지 단독 이름으로 하도록 했다(이창곤, 2014). 정부 부처가 실행 책임을 뒤집어쓸까 두려워해서 발을 빼는 바람에 결과적으로 이 보고서는 베버리지 단독 저술이 되었다. 오히려 이게 전화위복이 되어 베버리지는 큰 영광을 독점하게 되었다.

예상 밖으로 이 책은 대중적 인기가 높아서 10펜스짜리 이 책을 사기 위해 추운 겨울 날씨에도 불구하고 시민들이 정부간행물 출판사 앞에 장사진을 쳤다고 한다. 베버리지는 문자 그대로 '자고 일어나니 유명'해져서 하루아침에 저명인사가 되었다. 그는 '인민의 윌리엄(people's William)'이라는 별명을 얻었고, 영국 복지국가의 창시자라는 평가를 받게 되었는데, 정작 자신은 이런 평가를 별로 좋아하지 않았다고

베버리지가 규정한 5대 거악을 풍자한 만평.

한다. 『베버리지 보고서』는 1944년까지 무려 20만 부가 팔렸으니 딱딱한 정부 보고서치고는 엄청나게 많이 팔린 셈이다.

　이 책에서 베버리지의 목적은 그가 말하는 소위 '5대 거악'을 없애는 것이었다. '5대 거악'이라 함은 궁핍(Want), 질병(Disease), 무지(Ignorance), 불결(Squalor), 그리고 나태(Idleness)의 다섯 가지 사회문제였다. 그는 이 중에서 궁핍을 가장 중요하고 시급한 문제로 간주하여 궁핍 해결을 이 보고서의 연구 목적으로 삼았다. 베버리지는 사회보장을 다음과 같이 정의했다. "사회보장은 사람이 굶어 죽는 것을 예방하는 제도뿐만 아니라 우리가 항상 얻으려고 투쟁해온 의식주, 의료뿐만 아니라 건강, 교육, 여가, 문화까지 포함하는 완전한 생활(full life)을 보장하는 제도를 말한다."(Beveridge, 1942, p. 170) 이 개념은 너무 협소하다는 비판을 받았는데, 그는 스스로를 변호하기를 자기는 5대 거악 중에서 가장 중요한 궁핍을 해소하는 것만 우선 목적으로 하며, 따라서 자기의 계획은 사회정책의 일부에 불과하다고 말했다.

　이 보고서를 핵심적으로 요약한 "요람에서 무덤까지(from the cradle

to the grave)"라든가, "모두가 돈을 내고, 모두가 혜택을 본다(all pay, all benefit)"라는 구호는 누구에게나 쉽게 이해가 되고 호소력 있는 표현이어서 보고서에 대한 국민의 지지를 얻어내는 원동력이 됐고, 인기가 하도 높아서 결국 이 보고서는 2차 세계대전 이후 영국 복지국가 건설의 청사진이 되었다. 『베버리지 보고서』의 내용은 크게 완전고용, 사회보험, 아동수당, 국가부조, 국민보건서비스의 다섯 가지로 구성되어 있다.

보고서에서 베버리지의 가장 큰 관심은 어떻게 궁핍을 해소할 것인가 하는 것이었다. 베버리지에 의하면 빈곤은 소득분배가 잘못되어서 나타나는 사회문제로서 자유시장에 맡겨두면 저절로 해결되는 성질이 아니다. "점증하는 번영과 임금의 상승은 궁핍을 감소시켰으나 없애지는 못했다. 우리가 얻은 교훈은 번영을 보다 폭넓게 전파하는 새로운 수단이 필요하다는 것이다. 사회보장 계획은 바로 이런 목적을 충족하기 위해 고안되었다."(Beveridge, 1942, p. 166)

베버리지는 '소득 능력의 중단이나 상실(interruption or loss of earning power)'이 빈곤 원인의 4분의 3을 설명한다고 해석하는데(Beveridge, 1942, p. 7), 이것은 지나치게 협소하게 빈곤의 원인을 파악한 것이라고 그 뒤 비판을 받았다. 즉 소득의 중단은 노동자계급에게는 궁핍의 주요 원인이라 할 수 있겠지만 그 이외의 다양한 사람들 사이에 궁핍의 원인은 다종다양하기 때문이다. 예를 들어 당시 아직 취업 기회를 갖지 못한 다수의 여성은 소득의 중단이 아니라 아예 소득 기회가 없는 것이 궁핍의 원인이었다. 또한 노령이나 장애도 궁핍의 중요한 원인이 분명한데, 이것을 소득 중단이라고 볼 수는 없다. 이런 문제에 대해 베버리지는 별로 관심을 기울이지 않았다. 결국 베버리지의 관심은 한 자녀와 아내를 가진 노동자 가구에서 발생하는 빈곤을 어떻게 해소할 것인가하는 데 초점이 있었다. 보고서에서 자녀수당을 두 번째 자녀부터 지급하기로 한 것도 이런 사고방식에서 연유하며, 베버리지의 빈곤관은 다소 비판받을 여지가 있다(물론 사회보장 예산을 조금이라도 절감해서 『베버리지 보고서』에 대한 반대를 무마하려는 목적도 있었다).

어쨌든 베버리지가 궁핍을 해결하는 방법은 자산조사에 기초한 선별적 지원이 아니라 국가가 관리하는 보편적, 기여적 사회보험이다. 베버리지가 자산조사에 반대하는 이유는 그것이 행정적으로 복잡하고 비용이 많이 들 뿐 아니라 대상자에게 인간적으로 모욕을 주기 때문이다. 그래서 베버리지는 사회보험을 통한 빈곤 감소에 주목했는데, 사회보험에 대해 베버리지는 몇 가지 원칙을 천명했다. 사회보험은 보편성, 의무성, 기여성, 그리고 만인 균등성을 원칙으로 해야 한다는 것이다.

사회보험의 보편성이라 함은 실업, 노령, 질병, 상해 등 사회적 위험은 어떤 사람에게나 닥칠 수 있는 것이므로 만인이 대상이어야 한다는 뜻이며, 이와 같은 공통적 위험에 대한 대비를 사적으로 하는 것보다는 사회적으로 하는 것이 더 효과적이라는 뜻을 내포한다. 또한 보편성은 보호 대상자가 만인이라는 뜻도 포함한다. 즉 위험에 많이 노출된 취약 계층만이 대상이 아니고 모든 국민이 사회보험의 대상으로 편입되고 보험료를 납부해야 한다는 뜻이다.

사회보험의 의무성이라 함은 모든 사람이 개인의 호불호와 상관없이 즉 예외 없이 사회보험의 대상자가 된다는 뜻이다. 물론 개인 취향에 따라 사적 보험에 가입하는 것은 자유이지만 사적 보험은 어디까지나 사회보험에 대한 보완적 성격을 갖는 것이지 주가 될 수는 없다.

사회보험의 기여성은 모든 사람이 적은 액수라도 보험료를 납부해야 한다는 뜻이다. 그래서 사회보험은 정부가 세금을 거두어 가난한 집단을 돕는 공공부조와는 성질이 다르다. 각자는 능력에 따라 보험료를 납부하고, 그 대신 위험에 노출되면 보험금을 수령하게 된다. 베버리지는 개인이 보험료를 낸다는 점에서 제도에 기여를 하고, 그 기여에 입각해서 보험금을 수령할 권리를 갖게 된다는 뜻에서 보험적 성격을 강조했다. 즉 사회보험은 "게으름에 대한 보상이 되어서는 안 되고, 무한한 지갑에서 돈이 나오는 것으로 간주해서도 안 된다"(Beveridge, 1942, p. 22)는 것이다. 베버리지는 빈곤 퇴치를 위한 사회보험이 결코 개인의 창의력, 책임의 원리를 훼손해서는 안 된다고 강조했고, 이런 생각은 이 보고서 뒤에 나온 그의 저작에서 더욱 두드러지게 나타난다.

마지막으로 균등성 원칙은 사회보험의 보험료 납부와 보험금 수령은 소득의 일정 비율로 정해져야 한다는 뜻이다. 기여와 수령은 모두 소득의 일정 비율로 정해지는데, 그 이유는 사회보험이 인간의 최저생존 수준을 보장한다는 취지를 갖고 있기 때문이다. 만일 그 이상의 소득보장을 원하는 사람이 있으면 그 사람은 추가적으로 자발적 보험에 가입하면 된다. 만인이 가입하는 사회보험은 최소한의 보장 기능만 갖고 있으며, 따라서 일정 비율의 기여와 혜택의 원리에 의해 움직인다.

1942년 12월 1일, 역사적인 『베버리지 보고서』가 나오자 국민들은 열광적으로 환영했는데, 정계의 반응은 극명하게 둘로 갈라졌다. 원래 베버리지와 가까웠고 베버리지를 추천하기도 했던 처칠은 이 보고서 내용에 반감을 갖고 보고서 완성 단계에서 베버리지가 만나자고 거듭 요청해도 만나주지 않았다. 그리고 1945년 총선 공약에서도 이 보고서에 대해 대단히 미온적 태도를 보였다. 그 반면 노동당은 적극적으로 이 보고서의 내용을 당의 공약으로 채택했다. 그 결과 총선은 만인의 예상을 깨고 노동당의 압승으로 끝났다. 당시 예상은 전쟁을 승리로 이끌었던 보수당의 처칠이 당연히 전쟁 직후 치러지는 첫 번째 총선에서 압승하리라는 것이었다. 그러나 처칠은 『베버리지 보고서』를 싫어하고 반대하는 바람에 엄청난 역풍을 만나 뜻밖에도 정권을 잃는 불운을 겪었다. 총선에서 노동당이 예상 밖의 압승을 거두었을 뿐 아니라 전전 30%였던 노조 가입률이 40%로 높아지는 등 노동당은 순풍에 돛 단 형세였다. 오래 지속된 전쟁 때문에 국민들 사이에 저절로 공동체 정신이 고양되었다는 점이 노동당에 유리한 면이 되었고, 노동당 지도자들이 처칠의 거국내각에 각료로 참여한 경험도 국민의 신뢰를 얻는 데 보탬이 됐다. 게다가 하루아침에 국민들에게 영웅이 된 베버리지의 보고서를 처칠이 철저히 무시한 것이 결정적 패착이 되었다.

베버리지와 케인스

베버리지와 존 메이너드 케인스(John Maynard Keynes, 1883~1946)는 나이도 불과 네 살 차이밖에 안 났고, 평생을 아주 가까이 친구처럼 지냈다. 두 사람은 성향이나 사고방식도 비슷해서 호흡이 잘 맞았다. 『베버리지 보고서』가 나온 이후 그 내용을 현실화하는 데 케인스의 기여가 적지 않았는데, 그 구체적 기여는 다음과 같다. 『베버리지 보고서』의 작성 단계에서 정부 각 부처는 발을 빼려고 했고, 그래서 공동 저작이 아니고 베버리지 단독 저작으로 출판되었다는 사실을 앞에서 이야기했지만 책이 나오고 난 뒤에도 정부 부처의 협조는 아주 인색했다. 특히 재무부는 예산 담당 조직으로서 『베버리지 보고서』가 실행에 옮겨진다면 엄청난 예산이 소요될 것으로 보아 부담스럽게 생각해서 비

20세기의 가장 유명한 경제학자 가운데 한 사람으로 평가받는 케인스는 『베버리지 보고서』를 현실화하는 데 많은 도움을 주었다. 사진은 1932년경의 모습.

협조적 태도를 취하고 있었다. 이때 베버리지를 도와준 사람이 케인스였다(Skidelsky, pp. 1130-1131).

　장기간 재무부의 주요 경제학자로 활동했던 케인스는 베버리지와 여러 차례 만나 의논을 했고, 『베버리지 보고서』에서 제시한 정책들이 실현될 수 있도록 각종 아이디어를 내기도 했다. 케인스는 베버리지와 가진 1942년 7월의 오찬 만남에서 『베버리지 보고서』의 재정 조달을 검토할 소위원회 구성을 제안했고 베버리지는 동의했다. 케인스는 자신과 경제학자 라이어널 로빈스(Lionel Robbins), 그리고 정부 회계사 조지 엡스(Sir George Epps)의 3인 위원회를 만들어 세 차례 회동을 가졌다. 케인스는 베버리지 계획의 초기 비용을 원래 연간 7억 파운드에서 4억 5,000만 파운드로 낮추는 구상을 제시했는데, 이렇게 되면 기존 사회보장 비용인 3억 1,500만 파운드보다 조금 높은 정도에 불과해서 베버리지 계획의 실현 가능성이 높아질 것이라고 생각했다.

케인스는 그밖에도 보고서의 정책을 실현하는 데 소요되는 예산이 과도하지 않도록 만들기 위해 여러 가지 타협안을 제시했고 베버리지가 그것을 적극 수용함으로써 베버리지의 아이디어가 세상의 빛을 보는 데 큰 도움을 주었다. 예를 들어 아동수당을 첫째 자녀는 주지 않고 두 번째 자녀 이후에만 준다든가, 연금제도의 도입을 당장 하지 않고 20년의 시간을 두고 점진적으로 한다든가 하는 아이디어다. 베버리지는 학문적으로는 고고한 태도를 갖고 있어 좀처럼 남과 타협할 줄 모르는 사람이었지만 정책 실현 가능성을 높이기 위해서 케인스와 의논할 때는 상당히 유연한 태도를 보였다. 이것이 결국 그의 사상이 영국의 전후 복지국가 건설에 청사진 역할을 하도록 만든 계기가 되었다고 할 수 있다.

베버리지와 케인스는 전후 영국 복지국가 사상의 기초를 마련한 점에서 쌍벽이라고 할 수 있다. 두 사람은 사이가 좋았고, 여러 공통점을 갖고 있지만 다른 점도 많다. 공통점으로는 첫째 완전고용 문제에 관심을 쏟고 주요 저작을 남겼다는 점이 있다. 베버리지의 초기 저술은 주로 고용 문제에 집중하고 있었고, 케인스의 주저 『일반이론』 (1936)은 물론 대공황 당시의 대량 실업을 해결하기 위해 쓴 책이다. 둘째, 두 사람은 당시 영국에서 상당한 영향력을 갖고 있던 자유방임(lais-sez-faire) 사상을 믿지 않았고, 선의의 정부가 개입해서 경제, 사회적 문제 해결에 나서야 한다고 보았다(Keynes, 1931, 11장 '자유방임의 종언' 참조). 케인스는 다음과 같이 말했다,

이 세상은 천상에 의해 지배되는 곳이 아니기 때문에 개인적 이익과 사회적 이익이 늘 일치할 수는 없다. 이곳 속세는 개인적 이익과 사회적 이익이 일치하도록 통치되지 않는다. 계몽된 이기주의는 언제나 공익에 유리한 쪽으로 움직인다는 것은 경제학의 원리에서 나오는 올바른 추론이 아니다. 이기주의가 대체로 계몽되어 있다는 말도 진실이 아니다. 자기 자신의 목적을 개별적으로 추구하고 있는 개인들은 너무 무식하거나 허약하여 그 목적마저 달성하지 못할 때가 자주 있다(Keynes, 1931, 11장 '자유방임의 종언', 번역서 pp. 151-152).

케인스와 베버리지는 무조건 시장기구를 신뢰하고 정부 개입을 반대하는 고전적 자유방임주의를 찬성하지 않았다. 두 사람은 기본적으로 정부 개입을 찬성하되 다만 정부의 개입은 꼭 필요한 문제에 한정해야 하며, 결코 과도하게 이루어져서는 안 된다고 생각했다. 만일 정부가 지나치게 개입하면 자본주의의 기초를 이루는 개인의 자유를 침해하고 창의성이나 책임감을 훼손할 우려가 있다고 보았다. 이런 점에서 두 사람은 자유주의자이자 동시에 집산주의자의 양면을 갖고 있었는데, 그래서 커틀러(Cutler) 등은 두 사람의 사상을 '자유집산주의(liberal collectivism)'라고 규정한다(Cutler, Williams and Williams, 1986). 두 사람의 철학은 자본주의적 개인주의를 최대한 보장하기 위해 상당한 정도의 집산주의를 찬성한다는 점에서 자유주의와 집산주의의 두 날개를 갖고 있다. 현실 정치에서 보면 두 사람은 자유당(Liberal Party) 지지자였다(Keynes, 1931, 12장 '나는 자유주의자일까?' 참조). 케인스는 노동당 좌파를 '재앙의 정당(party of catastrophe)'이라고 부르면서 싫어했다. 마찬가지로 보수당 일부에 대해서는 '골수 완고정당(die-hard party)'이라며 싫어했다. 케인스는 자유당이 "그래도 미래 발전에 최선의 도구"라고 믿는 쪽이었다(Keynes, 1931, p. 168).

두 사람의 차이점으로는 방법론의 차이를 들 수 있다. 케인스는 연역적 사고를 좋아한 반면 베버리지는 심할 정도로 귀납법을 좋아했다. 베버리지가 런던정경대학 총장으로 있을 때 연구방법론을 놓고 귀납적 방법만 고집하는 바람에 해럴드 래스키(Harold Laski) 등 교수들과 심각한 갈등을 일으키기도 했다.

맺음말

전후 영국의 복지국가 건설에는 베버리지와 케인스, 두 사람의 기여가 컸다. 두 사람은 공통점이 많았다. 대학에서 수학을 전공했고, 계몽된 이성이 이 세상을 지배해야 한다는 생각을 갖고 있었다. 둘 다 자유방임을 싫어했고, 시장에 대한 국가의 적절한 개입이 필요하다고 보았다. 그러나 두 사람은 국가의 지나친 개입에 대해서는 그것이 개인의 창의성과 책임감을 훼손하여 자본주의 체제를 위협할 것이라고 보아 경계하였다. 둘 다 정치적으로는 자유당을 지지했다.

2차 세계대전이 끝난 뒤 30년은 복지국가의 전성기였다. 베버리지와 케인스의 사상이 모든 자본주의 국가에서 정책으로 실현되기 시작했다. 경제성장, 고용, 분배가 다 좋아서 자본주의의 미래는 밝았고, 모든 것이 장밋빛으로 보였다. 그러나 장밋빛 세상은 오래 가지 않았다. 케인스주의가 빚은 반(反)경기대책(stop-go policy)은 부작용을 나타내기 시작했고, 국가 부채의 누적 때문에 그 지속가능성이 의심받게 되었다. 그러다가 1970년대 중반 닥친 석유위기가 가져온 세계적 스태그플레이션이 케인스주의의 무능을 여지없이 드러냈다. 사상 초유의 경제현상 앞에서 케인스의 처방은 힘을 잃었다.

경제학계에서 케인스에 반대하는 프리드리히 폰 하이에크(Friedrich von Hayek)와 밀턴 프리드먼(Milton Friedman)을 필두로 하는 시장만능주의 학파가 점차 힘을 얻어가고 있던 차에 현실 정치에서 마거릿 대처(Margaret Thatcher)와 로널드 레이건(Ronald Reagan)이 대서양을 사이에 두고 나란히 집권하여 작은 정부, 감세, 규제 완화, 친기업, 반노조 정책을 추진한 것이 케인스주의의 종언을 가져왔다. 영국, 미국뿐만 아니라 거의 모든 나라에서 케인스 정책은 폐기되고 시장만능주의 정책이 채택됐다. 세상은 완전히 바뀐 것처럼 보였다. 그러나 누가 알았으랴. 2008년 미국 월가에서 시작한 금융위기는 지나친 시장만능주의가 잘못됐다는 사실을 여지없이 폭로했다. 세상이 다시 몸살을 앓으면서 시장만능주의에 대한 반성이 일어나고, 그 반향으로 케인스 사상의 부활이 논의되고 있다. 앞으로 세상이 어느 쪽으로 발전할지는 좀 더 두고봐야 하겠지만 사회경제 문제에 대한 베버리지와 케인스의 실천적, 실용적 접근 방법은 언제 어디에서나 좋은 지침이 될 것이다.

참고문헌

고세훈. 2011. 『영국 정치와 국가복지』. 집문당.

김성이. 2002. 『사회복지의 발달과 사상』. 이화여자대학교 출판부.

우자와 히로후미(차경숙 역). 2015. 『경제학이 사람을 행복하게 할 수 있을까?』. 파라북스.

이창곤. 2014. 『복지국가를 만든 사람들: 영국편』. 인간과복지.

Beveridge, William. 1942. *Social Insurance and Allied Services*. HMSO.

Cutler, Tony, Karel Williams and John Williams. 1986. *Keynes, Beveridge, and Beyond*. Routledge & Kegan Paul.

George, Vic. 1968. *Social Security: Beveridge and Beyond*. Routledge.

Harris, Jose. 1977. *William Beveridge, A Biography*. Oxford University Press.

Keynes, John Maynard. 1931. *Essays in Persuasion*. (정명진 역. 2009. 『설득의 경제학』. 부글북스.)

Schweinitz, Karl de. 1943. *England's Road to Social Security: from the Statutes of Laborers in 1349 to the Beveridge Report of 1942*. Univ. of Pennsylvania Press. (남찬섭 역. 2001. 『영국 사회복지발달사』. 인간과복지.)

Skidelsky, Robert. 2003. *John Maynard Keynes 1883-1946: Economist, Philosopher, Statesman*. Penguin Books. (고세훈 역. 2009. 『존 메이너드 케인스』. 후마니타스.)

Skidelsky, Robert. 2009. *Keynes, the Return of the Master*. Public Affairs. (곽수종 역. 2014. 『흔들리는 자본주의 대안은 있는가: 케인스에게 다시 경제를 묻다』. 한국경제신문.)

『베버리지 보고서』의 사회개혁과 역사적 의의

김윤태

1942년 윌리엄 베버리지가 주도적으로 작성한 『사회보험과 관련 서비스』는 복지국가의 역사에서 가장 중요한 이정표 가운데 하나이다. '5대 거악', '영국식 혁명' 등 웅장한 표현과 멋진 수사로 가득한 『베버리지 보고서』라고 불리는 이 기념비적 문서는 2차 세계대전 이후 전 세계적으로 복지국가를 향한 새로운 길을 열었으며, 수 세대에 걸쳐 사회정책의 방향을 제시했다. 그 후 80년이 넘게 베버리지는 '복지국가의 아버지'라는 호칭으로 불렸다(김윤태, 2014).

그러나 출간 당시 『베버리지 보고서』가 사회정책의 변화를 이끌어 낼지는 아무도 예측하지 못했다. 『베버리지 보고서』는 영국 사회정책의 개혁을 위한 행동 계획이 아니라 청사진에 불과했기 때문이다. 당시 영국은 사실상 유럽 전역을 지배한 나치 독일과 힘겨운 전쟁을 벌이고 있었다. 전쟁을 이끌던 처칠의 거국내각은 보수당뿐 아니라 자유당과 노동당이 참여한 연합정부였으며, 영국 국민을 전쟁에 동원하기 위해서는 강력한 정치적 지지가 필요했다. 전후에 독일보다 더 나은 생활수준을 보장하겠다는 비전을 제시할 필요가 있었다. 또한 계급에 따라 생필품 제공에 차이가 있고, 독일 공습의 피해에 대한 치료도 다른 조건에서 전쟁을 승리로 이끌기는 어려웠다. 당연히 『베버리지 보고서』는 탁자에 앉아 있는 학자의 글이 아니라 국민의 마음을 흔드는 감동적 문장이 가득한 정치적 문서로 작성되었다.

베버리지는 각료에 참여한 경력이 없었고 정치인도 아니었지만, 자신의 과업에 원대한 이상을 부여했다. 베버리지의 가슴속에는 사회정의에 대한 강력한 충동이 자리 잡고 있었으며, 전후 새로운 이상사회를 만들겠다는 개혁적 의지로 충만했다. 베버리지는 런던의 자선단체인 토인비홀에서 일하는 동안 사회 불평등을 치유하려는 생각을 깊이했다. 그는 자선은 그런 환경에서 전혀 충분하지 않으며 일관성이 있는 정부의 계획만이 충분한 행동이라고 보았다. 베버리지는 현실적인 사회경제 법안이 사회문제를 해결할 수 있을 거라고 확신했다.

베버리지는 "전쟁이 모든 종류의 역사적 유적을 파괴하고 있는 지금이야말로 어떤 제약 없이 경험을 활용할 기회이다. 세계 역사에서 혁명적인 순간은 부분적 보수가 아닌 혁명을 위한 때이다."(『베버리지 보고서』 7항)라고 말했다. 전쟁 후 새로운 사회제도를 만들겠다는 열정이 그를 사로잡았다. 베버리지는 "기존 사회보험의 국가 체계, 노동자 보상을 포함한 관련 서비스에 대한 권고안"을 만들겠다는 야심을 가지고 노력했다. 1년 6개월에 걸쳐 완성된 보고서는 과거 50년 동안 국가가 제공하는 복지의 다양한 유형을 합리화하는 기준을 제시하려고 시도했다. 하지만 베버리지의 주장은 많은 이견에 부딪혔고 순탄하게 작성되지 않았다. 결국 『사회보험과 관련 서비스』를 작성하는 위원회에 참

영국의 『맨체스터 가디언』 1942년 12월 2일자 6면에 실린 『베버리지 보고서』 분석 기사. 이 신문은 『베버리지 보고서』의 개요와 권고안을 7개의 기사를 통해 소개했으며, 사설을 통해 전쟁 중이더라도 당장 '사회보장을 위한 계획'을 선언하고 실행해야 한다고 주장했다.

여한 공무원들을 대표하여 베버리지 혼자 서명했다. 그래서 이 보고서는 『베버리지 보고서』라는 역사적인 이름을 얻게 되었다.

베버리지는 보고서의 첫 페이지에서 자신을 도와준 D. N. 체스터와 위원회 동료들에게 감사 인사를 남겼지만, 자신이 직접 보고서를 작성했음을 밝혔다. 한편 베버리지를 도운 이로 재닛 필립(Janet Philip)을 빠뜨릴 수 없을 것이다. 영국 정부 공무원이었던 필립은 베버리지를 만난 후 그를 돕기 위해 런던정경대학 총장 비서 역할을 수행했으며, 1940~1941년 베버리지가 보고서를 작성하는 동안에도 여러 가지 도움을 주었다. 둘은 1942년에 결혼했다.

'사회의 5대 거악' 해소

베버리지가 당시 중요한 사회문제를 '사회의 5대 거악', 즉 '무지, 불결, 질병, 나태, 궁핍'으로 규정한 문구는 지금도 유명하다. 이 가운데 사회보장의 궁극적인 목표는 궁핍의 해소라고 하였다. 베버리지는 궁핍의 해소를 위한 가장 중요한 조건으로 완전고용을 강조했다. 동시에 『베버리지 보고서』의 급진적 계획은 포괄적인 보건 서비스, 보편적인 아동수당 그리고 실업, 질병, 노령 등 사회적 위험에 대비하기 위한 사회보험의 철학적 토대를 제공했다.

베버리지는 기업이 부담하는 의료비와 연금을 국가가 전담하여 산업 경쟁력을 높이고, 더욱 건강하고 소득이 많아지고 자발적으로 일하는 노동력을 만들 것이라고 주장하며, 보수파를 설득했다. 사회보험이

1943년 제작된 〈베버리지 플랜을 요구합니다〉 포스터. 이 포스터에는 『베버리지 보고서』에 제시된 주요 변경 사항과 조항이 나와 있다. 자료 출처 런던정경대학.

1942년 12월 2일자 『데일리미러』는 "베버리지에게 궁핍의 해소 방법을 듣다"라는 제목하에 "요람에서 무덤까지의 계획", "모두가 내고 모두가 받는다"라는 소제목을 달면서 보고서의 출간 소식을 전했고, 이 문구들은 이후 보편적 복지의 상징적 어구가 되었다.

국가 경쟁력을 높이게 될 것이라고 역설하기도 했다. 한편 높은 수준의 국가 복지가 '게으른 사람들'을 만들 것이라는 우려에 대비하여 베버리지는 보고서에서 시민권의 확대를 강조하는 대신 최소 수준에 비해 더 나은 일자리를 구하려는 의무와 책임을 강조했다. 1942년 BBC 방송 인터뷰에서 베버리지는 사회보장을 다음과 같이 해석했다. 그는 "나는 보고서에서 실업, 질병, 사고로 중단되거나 노령으로 끝나는 수입을 대체하는 소득보장을 좁은 의미에서 사용했다"고 밝혔다. 그는 긴급한 수요 충족을 위한 국가부조가 필요하다고 보았다. 하지만 개별적 수요는 개인이 자발적 저축을 통해 해결해야 한다고 보았다.

베버리지는 일자리를 찾으려 하지 않는 사람들을 위해 일정한 강제와 재훈련이 필요하다고 밝혔다. 그는 "충분하게 발전된 사회보험은 소득보장에 도움이 되며 빈곤을 줄일 수 있다"고 보았다. 그러나 사회보험이 전적으로 국가에 의존하는 것은 아니다. 『베버리지 보고서』는 사회보험은 국가와 개인 사이의 협력에 의해서 달성되어야 한다고 밝혔다. 국가는 관리와 비용 부담의 책임을 져야 하지만, 개인은 사회보험의 기여금을 납부해야 한다.

『베버리지 보고서』가 제시한 권고안의 주요 원칙은 다음과 같다.

- 종합적―출생에서 죽음까지 빈곤에 관련된 모든 문제에 적용한다.
- 보편적―모든 사람에게 혜택을 제공한다.
- 기여―임금에서 기여금을 납부한다.
- 자산조사 반대―지불 능력이 없어도 모든 사람에게 혜택을 제공한다.
- 의무적―모든 노동자가 기여해야 한다.

『베버리지 보고서』를 자세히 보면, 과연 베버리지를 '복지국가의 아버지'라고 불러야 할지 의문이 생긴다. 사실 그의 보고서에는 '복지국가'라는 용어는 전혀 등장하지 않는다. 그는 다른 저서 『자유 사회의 완전고용』(1944), 『자발적 행동』(1948)에서 국가, 기업, 시민사회가 각자 역할을 수행해야 한다고 보았다(Beveridge, 1944; 1948). 베버리지는 자신을 복지국가 대신 '복지사회(welfare society)'의 토대를 만드는 사람이라고 생각했다. 실제로 그는 노동당 정부가 자발적인 노동공제조합이 아니라 국가 기구를 설치하려는 시도에 화를 냈다. 1948년 보고서에서 그는 사람들이 할 일을 국가가 대신한다면 사람들에게 '손해'를 끼칠 것이라고 경고했다. 그 대신 그는 정부가 "모든 종류의 자발적 행동을 촉진하고", "노동공제조합과 다른 형태의 상조회의 어려움을 제거해야" 한다고 제안했다. 복지 시스템은 국가가 아닌 사람들에 의해 소유되어야 한다고 보았다. 베버리지는 1942년 『베버리지 보고서』에서 완전고용을 사회복지제도의 핵심 요소로 강조했다. 대개 실업률 3% 미만을 완전고용으로 간주했다. 베버리지는 1944년 『자유 사회의 완전고용』에서 개별 고용주가 수요 관리와 완전고용을 맡기는 것은 불가능하다고 보고, 민주주의의 감독과 압력을 통해 국가에 의해 수행되어야 한다고 주장했다. 완전고용을 이루기 위한 방안은 케인스 경제학의 재정 확대 정책, 인력의 통제, 생산수단의 국가 통제를 포함한다. 베버리지는 오늘날 자유방임을 주장하는 신자유주의와 매우 달랐고, 사회정의를 중시하고 전후 새로운 사회를 만들어야 한다는 이상을 가지고 사회경제적 제도 개혁을 통해 사회문제를 해결할 수 있다고 믿었다.

국가 복지에 대한 베버리지의 신중한 태도에도 불구하고, 『베버리지 보고서』는 많은 정치인, 기업, 공무원들의 저항에 직면했다. 『베버리지 보고서』의 가장 중요한 원칙인 '보편주의(universalism)'가 문제였다. 『베버리지 보고서』가 출간되자 거국내각의 최고 지도자인 윈스턴 처칠은 크게 불만을 품었다. 지나치게 정부 재정 부담이 커질 것이라고 보았다. 처칠은 비망록에서 "이 보고서에 지출이 포함되어서는 안 된다"고 적어놓았을 정도이다. 보수 정치인들과 학자들은 『베버리지 보고서』가 재정 부담이 너무 커져 실행 불가능할 뿐 아니라, 그 계획의 전면 시행은 결국 자유시장경제에 죽음의 키스가 될 것이라고 우려했다. 처칠은 다른 대안이 필요했다. 그는 1944년에 소련의 계획경제를 비판하는 오스트리아 경제학자 프리드리히 폰 하이에크가 출간한 『노예의 길』에 공개적 찬사를 표현했다. 하지만 처칠의 오판은 치명적 오류가 되었다. 1945년 총선에서 전쟁 영웅 처칠은 무참하게 패장이 되었다.

영국의 만평가 찰스 레슬리 일링워스(Charles Leslie Illingworth)가 1943년 2월 17일 보수 일간지 『데일리메일』에 실은 만평으로, 『베버리지 보고서』를 정치적 다이너마이트로 부정적으로 묘사하고 있다. 웨일스국립도서관 소장.

Illingworth Leslie, *the Daily Mail, February 17th 1943*
Le Plan Beveridge

　『베버리지 보고서』는 예상을 뛰어넘는 엄청난 인기를 얻었다. 사람들은 출간된 보고서를 구입하기 위해 1마일(약 1.6km) 넘게 줄을 섰으며, 통산 63만 5,000부의 판매를 기록했다. 한 여론조사에 따르면, 당시 영국 국민의 95%가 『베버리지 보고서』의 존재를 알고 있다고 응답했다. 『베버리지 보고서』에서 가장 주목을 끈 것은 바로 '보편주의' 원칙이었다. 『베버리지 보고서』는 빈곤층과 산업 노동자를 뛰어넘어 자산조사 없이 더 광범위한 계층의 인구를 복지 수급의 대상으로 설정하고, 정액급여제도를 통해 급여 수준의 차이를 없애려고 시도하면서 보편주의 원칙을 추구했다. 당시 영국정보부(Ministry of Information: 영국 작가 조지 오웰이 「1984」에서 풍자했던 바로 그 정부 부처이다)가 만든 주간 「국내정보 보고서」를 보면, 『베버리지 보고서』에 대해서 어느 직원은 "(전쟁에서) 싸우고 있는 젊은이들에게 미래에 기대하는 것"을 제공한다고 작성했고, 또 다른 직원은 "무혈의 … 완전한 사회혁명"이라고 적었다.

보편주의 원칙

보편주의 원칙은 역사적으로 긴 논쟁의 연속선을 가진다. 이는 1905년 '빈민법 개정을 위한 왕립위원회'의 다수파와 소수파 논쟁으로 거슬러 갈 수 있다. 영국의 '빈민법'과 실업자 구제를 둘러싼 논쟁에서 자선조직 협회가 주축이 된 14명의 다수파와 페이비언협회가 주축이 된 4명의 소수파로 분열되었다.

왕립위원회의 다수파와 소수파 모두 1834년 개정된 '신빈민법(New Poor Law)'을 폐지하고 정부가 더욱 적극적으로 빈곤을 줄이는 예방정책을 채택해야 한다고 동의했다. 하지만 다수파는 자선단체의 주도성을 강조했으며, 정부가 제공하는 부조는 자선단체가 제공하는 부조보다 많아서는 안 된다고 했다. 이에 비해 소수파는 신빈민법을 해체하고 빈부의 차이 없이 모든 국민을 대상으로 하는 사회보장제도를 수립할 것을 제안했다. 소수파에는 노동당을 창당하고 당헌을 제정한 시드니 웹의 부인 비어트리스 웹이 참여했다. 다수파와 소수파의 견해 차이는 좁혀지지 않았다. 결국 왕립위원회 보고서에는 다수파와 소수파의 의견이 동시에 게재되었다. 그 후 세월이 흘러 소수파의 원칙이 『베버리지 보고서』에서 부활되었다.

1919년 1차 세계대전 종전 이후 영국과 유럽의 많은 나라가 사회보험의 전면적 확대를 목격했다(〈표 1〉 참조). 전통적인 '빈민법'의 선별주의는 역사의 유물이 된 반면, 보편적 시민권에 의한 사회정책이 새로운 조류가 되었다(Fraser, 1973). 이러한 거대한 역사의 흐름은 2차 세계대전을 거치면서 더욱 강력해졌다. 베버리지는 영국의 재건을 가로막는 '5대 거악' 가운데 물질적 궁핍을 특히 강조했다. 물질적 궁핍은 무지,

표 1. 주요 국가의 사회보험 도입 시기

	산업재해	건강	연금	실업	가족수당
독일	1871	1883	1889	1927	1954
스위스	1881	1911	1946	1924	1952
오스트리아	1887	1888	1927	1920	1921
노르웨이	1894	1909	1936	1906	1946
핀란드	1895	1963	1937	1917	1948
아일랜드	1897	1911	1908	1911	1944
영국	1897	1911	1908	1911	1945
프랑스	1898	1898	1895	1905	1932
덴마크	1898	1892	1891	1907	1952
뉴질랜드	1900	1938	1898	1938	1926
네덜란드	1901	1929	1913	1916	1940
스웨덴	1901	1891	1913	1934	1947
호주	1902	1945	1909	1945	1941
벨기에	1903	1894	1900	1920	1930
캐나다	1930	1971	1927	1940	1944
미국	1930	-	1935	1935	-
이탈리아	1989	1886	1898	1919	1936

자료: Flora(1987a: 144, 210, 433, 559, 627, 777; 1987b, vol. 1: 454); Flora and Heidenheimer(1981: 83); Dixon and Scheurell(1989: 151, 245, 192). Christopher Pierson. 2006. *Beyond the Welfare State*. Polity. 재인용.

불결, 질병, 나태 등 다른 네 가지 문제를 야기하는 가장 중요한 원인이기에 이에 대응하는 통합적 사회개혁이 필요하다고 보았다. 베버리지는 현행 사회제도를 전면 재검토하는 가운데 조지프 라운트리(Joseph Rowntree), 시드니 웹과 비어트리스 웹 부부 등과 협의하면서 전후 복지국가를 위한 위대한 청사진을 제시했다. 주요 원칙은 다음과 같다.

첫째, 사회보장 계획의 출발점은 분파적 이해에 얽매이지 말아야 한다.

둘째, 전후 재건을 가로막는 다섯 가지 거악, 즉 궁핍, 질병, 무지, 불결, 나태를 해결해야 하며, 이 가운데 포괄적 사회보험의 조직화를 통해 궁핍에 대응해야 한다.

셋째, 사회보험은 국가와 개인 간의 협력에 의해 달성되어야 한다.

넷째, 사회보험의 여섯 가지 원칙은 정액 최저생계 급여, 정액 기여, 행정 책임의 일원화, 급여의 적절성, 포괄성, 계층 분류이다.

다섯째, 사회보장 욕구의 여덟 가지 발생 원인은 실업, 장애, 생계 수단의 상실, 퇴직, 여성의 결혼, 장례, 아동, 신체적 질병 혹은 장해이다.

여섯째, 국가보건서비스, 보편적 아동수당, 완전고용이 전제 조건이다.

『베버리지 보고서』는 보편주의라는 기본적 가치를 토대로 완성되었다. 『베버리지 보고서』는 무엇보다도 빈곤을 해결하기 위해 소득 수준에 관계없이 '국민최저선'에 해당하는 기본소득을 평생 동안 보장하고자 했다. 『베버리지 보고서』는 최저생계 수준 보장을 사회적 권리로 규정하고 생존권을 처음으로 사회보장에 포함하여 17세기 엘리자베스 시대의 '빈민법'에 대한 사고를 근본적으로 바꾸었다(Glennerster, 2007). 사회보험 적용의 범위를 임금노동자에서 모든 국민으로 확대한 것도 중대한 변화라고 볼 수 있다.

『베버리지 보고서』의 '국민최저선'은 영국의 전통적 자유주의 사상의 영향을 받은 것이지만, '보편주의' 원칙은 전쟁 중에 강화된 평등주의와 강력한 국민적 결속감을 표현한 것으로 볼 수 있다. 2차 세계대전 당시 모든 보건 서비스가 국가 통제로 운영되었을 뿐 아니라 식량도 정부를 통해 배급되었다. 심지어 전후에도 상당 기간 식량 배급이 이루어졌다. 『베버리지 보고서』는 사회보험의 성공을 위한 전제 조건으로 제시된 자산조사 없이 제공하는 아동수당과 포괄적 보건 서비스를 통해 보편주의 원칙을 구체화했다. 의료보험 인가조합을 폐지하고, 농업, 금융, 보험업 등 실업보험 특별 제도와 일반 실업보험제도를 통합했으며, 공무원, 철도원 등 특수 직역 연금제도를 폐지하고 사회보험으로의 일원화를 추구한 조치 등에서도 보편주의 원칙이 적용되었다(Lowe, 2005).

보편주의가 스웨덴과 북유럽 사회민주주의 복지국가가 원조인 것처럼 짐작하는 이도 있지만, 이는 『베버리지 보고서』에서 중요하게 강조되었다. 『베버리지 보고서』의 보편주의 원칙은 국가보건서비스, 국민보험, 아동수당, 그리고 전면 무상 의무교육 관련 입법 과정에서 실현되었다. 하지만 모든 시민에게 국민보험의 가입 자격과 혜택을 제공하면서도 저소득층을 위해 더 많은 급여를 제공하는 복지제도를 보편주의 원칙을 훼손시키지 않는 것으로 간주했다. 이는 최근 한국의 보편적 재난지원금 및 기본소득 논쟁과 사뭇 다르다. 현재도 보편주의 복지국가로 유명한 북유럽 국가에서도 자산조사를 거쳐 빈곤층에게 더 큰 혜택을 제공하는 경우가 많다.

『베버리지 보고서』의 역사적 의의

『베버리지 보고서』의 원대한 구상은 20세기 초 자유당 정치인이었던 데이비드 로이드 조지(David Lloyd George) 총리 시대 이후 오랜 시간에 걸쳐 형성된 것이며, 당대 영국 사회 최고 지성의 사고를 표현한 것

런던정경대학 전경. 윌리엄 베버리지는 사회주의자 시드니 웹과 비어트리스 웹의 초청으로 1919년에서 1937년까지 18년 동안 런던정경대학 총장으로 재직했으며, 사회주의, 자유주의, 중도적 노선 등 다양한 사상 조류의 영향을 받았다.

이었다(이창곤, 2014). 베버리지는 1930년대 이후 대공황과 대량 실업을 피하기 위해 전면적 개혁이 필요하다고 생각했다. 『베버리지 보고서』의 경제 분야는 경제학자 존 메이너드 케인스와 라이어널 로빈스와의 긴밀한 협조를 통해 작성되었다. 두 경제학자는 대공황에 대한 상이한 처방을 가졌지만, 베버리지는 전문적 신뢰를 얻기 위해 두 학자에게 자문을 구했다.

베버리지는 다양한 정치 세력과도 소통했다. 그는 런던정경대학 총장으로 재직하면서 페이비언협회의 시드니 웹과 비어트리스 웹을 존경했지만, 스스로 사회주의자라고 생각한 적은 없었다. 그는 20세기 초 사회적 책임을 강조한 레너드 홉하우스(Leonard Hobhouse)의 '새로운 자유주의(New Liberalism)'를 지지하고, 자유당 지도부와 긴밀한 관계를 유지하면서 보수당 정치인들과도 교분을 나눴다(김윤태, 2014).

『베버리지 보고서』가 출간된 후 윈스턴 처칠 총리는 1943년 3월 라디오방송에서 국가의 모든 계급의 시민에게 사회보장을 위한 사회보험을 제공할 필요를 표현하기 위해 "요람에서 무덤까지"라는 표현을 사용했다. 이 표현은 유명하지만 『베버리지 보고서』에 적힌 문구가 아니라 (나중에 회고록으로 노벨문학상을 수상했던) 처칠 총리가 사용한 후 널리 알려진 말이다. 그러나 처칠은 지나친 국가 개입에 반대했고 보건 서비스의 '선택의 자유'를 지지했다. 베버리지는 처칠의 냉담한 태도를 바꾸기 위해 면담을 신청했다. 하지만 처칠은 다음과 같이 정중하지만 차갑게 거절하는 편지를 썼다. "나는 당신과 대화할 기회가 미래에 이루어지기를 희망합니다. 그러나 당연하게도 나의 주요 관심은 전쟁에 집중해야만 합니다."

베버리지의 주장은 많은 사람에게 수용되었다. 그는 복지제도가 영국의 경제 경쟁력을 높일 것이라 주장하면서 보수 정치인들을 설득했다. 건강보험과 연금이 기업의 부담을 줄일 뿐 아니라, 더 건강하고 부유하고 더 열심히 일할 동기를 가진 노동자들이 등장하면 영국 상품을 구매할 강력한 수요를 창출할 것이라고 주장했다.

전쟁이 끝나면서 베버리지의 주장은 자유당과 노동당에 의해 주요 정책으로 수용되었다. 자유당은 사회보장을 제공하는 임의단체와 자선단체의 역할을 포함하는 『베버리지 보고서』의 주장을 지지했다. 노동당은 『베버리지 보고서』의 주요 권고안에 동의했지만, 국가가 모든 국민을 위한 무상 보건 서비스의 전면 혜택을 제공하고 임의단체를 제외해야 한다고 보았다.

『베버리지 보고서』의 운명은 정치적 격랑 속에서 예상과 다른 모습으로 세상에 등장했다. 1945년은 영국 복지국가 역사에서 결정적 시기이다. 전쟁의 승리와 노동당의 집권으로 분출하는 민중의 환호 속에서

1945년 총선 당시 영국 노동당의 포스터들. 왼쪽 포스터 위쪽에는 "산업은 사람들을 섬겨야 합니다. 그들을 노예로 삼지 마십시오!", 아래에는 "사적 독점이 아닌 공공 소유를 위한 노동당에 투표"라고 쓰여 있다. 오른쪽 포스터에는 "그녀는 당신을 위해 일했습니다 ⋯ 이제 그녀를 위해 일합시다"라고 적혀 있다.

『베버리지 보고서』의 제안은 현실적인 법령으로 제정될 수 있었다. 노동당을 이끈 클레멘트 애틀리(Clement Attlee) 총리는 국유화 계획과 함께 『베버리지 보고서』를 전면적으로 지지했다. 노동당 정부는 1945년 아동수당법, 1946년 국민보험 및 산업재해보험법, 국가보건서비스법, 1948년 국민부조법을 제정했다. 국민보험에 가입한 모든 사람은 질병, 실업, 퇴직에 따른 수당을 일괄적으로 받을 수 있게 되었다.

역사적인 복지국가의 탄생으로 인해 영국의 오랜 '빈민법'의 선별적 복지는 사라지고 『베버리지 보고서』의 보편적 복지가 새로운 복지국가의 원칙이 되었다. 이를 통해 영국 복지국가에서는 복지가 개인의 책임이나 정부의 시혜로 이루어지는 것이 아니라 모든 국민이 당연히 누려야 할 '보편적 시민권'으로 간주되었다. 복지국가를 통한 사회권의 보장은 현대 국민국가의 위대한 성취이자 모든 시민이 동등하다는 공화국의 이상을 구현한 이정표가 되었던 것이다.

노동당 정부가 만든 복지제도 가운데 가장 커다란 특징은 모든 국민에게 무상 의료를 제공하는 '국가보건서비스(NHS)'이다. 병원 운영에 의사의 참여를 보장하지만, 모든 병원을 완전 국유화하고, 유상 의료 행위를 전면 폐지했다. 여기에서 주목해야 할 점은 『베버리지 보고서』를 실행한 사람은 베버리지가 아니라 애틀리였다는 점이다. 노동당은 보건 서비스에 사회주의적 원칙을 도입했으며, 베버리지가 제안한 것보다 훨씬 국가의 역할이 강화되었다. 당시 영국이 전쟁을 거치며 평등주의 정서가 강화되었으며 노동당이 총선에서 하원 590석 가운데 393석을 얻는 압승을 거두었다는 정치적 조건이 커다란 영향을 미쳤다. 노동자계급의 인구 비중이 최고 수준으로 증가해 전체 인구의 절반을 차지했다는 점도 주목할 만하다. 또한 국가보건서비스의 등장에는 당시 노동당 정부의 보건부 장관을 맡은 어나이린 베번(Aneurin Bevan)의 역할이 컸다. 베번은 웨일스 탄광 노동자 출신으로 초등학교 졸업 이후 노동운동을 거쳐 국회의원이 되었다. 베번은 사회보험 대신 조세로 충당하는 국가 주도의 보편적 보건 서비스 도입을 강력하게 주장했다. 결국 보편주의 원칙에 입각한 국가보건서비스는 당시에도 복지제도 가운데 가장 큰 인기를 누렸으며, 1980년대 대처가 이끄는 보수당 정부가 해체하지 못할 정도로 국민의 지지가 강했다.

한편 자유당은 1945년 총선에서 "베버리지를 지지하라(Back Beveridge)"라는 캠페인을 벌였고, 베버리지의 생각은 자유당의 주요 선거 강령으로 채택되었다. 베버리지도 캠페인에 적극적으로 참여하였으며, 자유당 후보로 총선에 출마했다. 하지만 자유당은 참패했다. 자유당은 불과 12석을 얻는 데 그쳤고, 베버리지는 낙선했다. 나중에 베버리지는 상원의원이 되었지만, 사실상 자신의 생각을 의회에서 입법하는 과정에서는 중요한 역할을 수행하지 못했다. 그럼에도 불구하고 영국 국내와 해외에 『베버리지 보고서』의 생각을 확산하려는 베버리지의 열정적 노력에 의해 이념과 진영을 초월하여 광범위한 정치인들의 지지를 얻었다. 『베버리지 보고서』의 주장을 대폭 수용한 노동당의 복지 입법은 오늘날 우리가 알고 있는 복지국가의 원형을 만들었다. 『베버리지 보고서』는 영국 사회보장제도의 기초가 되었으며, 전 세계 국가들의 복지국가제도 확립에도 커다란 영향을 미쳤다.

베버리지 이후 복지국가의 발전과 변화

영국 사회학자 토머스 험프리 마셜(Thomas Humphrey Marshall)은 '보편적 시민권'의 등장이 복지국가의 발전에 중요한 영향을 미쳤다고 주장했다(Marshall, 1950). 특히 20세기 중반 이후 모든 시민을 위한 교육과 복지 서비스를 제공하는 사회권은 노동자와 자본가의 계급 타협을 위한 중요한 철학적 토대가 되었다. 19세기 노동자와 자본가의 계급투쟁의 불가피성을 예언했던 카를 마르크스(Karl Marx)의 예견과 달리 복지 자본주의는 '합의의 정치(consensus politics)'를 만들었다(Przeworski, 1985). 1930년대 스웨덴의 살트셰바덴 협약과 미국의 뉴딜정책도 복지 자본주의를 위한 길을 만들었다. 2차 세계대전을 거치면서 유럽과 북미의 많은 정부들이 기업과 노동조합 사이의 계급 타협을 적극적으로 추진했다. 2차 세계대전 이후 『베버리지 보고서』는 복지 자본주의와 계급 타협을 위한 새로운 청사진이 되었다.

『베버리지 보고서』가 확산된 이후 유럽과 북미에서 빈곤과 불평등은 극적으로 감소했다. 두 차례의 세계대전으로 부유층의 자산이 대거 파괴되기도 했지만, 보편적 사회보장제도와 조세제도의 거대한 변화가 일어났다(〈표 1〉 참조). 특히 1940년대 이후 복지국가가 등장하고 교육과 보건 분야에 대한 대대적 투자가 이루어졌고, 노령연금, 아동수당, 장애연금 이외에도 실업수당, 주거 보조금 등 다양한 사회보장제도가 확충되었다. 1910년대 서유럽 국가의 공공지출은 국내총생산의 10% 수준이었지만 1980년대에 이르러서는 국내총생산의 40~50%를 차지했다. 이 가운데 상당 부분은 교육, 보건, 연금 등 소득재분배 기능과 관련된 예산 지출이었다. 특히 교육 예산이 급속하게 증가하면서 저소득층 자녀들이 교육의 혜택을 통해 부를 획득하고 사회적 평등을 확대하는 데 강력한 영향을 미쳤다. 나아가 스웨덴과 독일에서는 노동자와 직원 가운데 선출된 대표가 기업 이사회의 의석을 최대 절반까지 차지하며 기업의 권력 배분 체계도 바꾸고 기업의 장기 전략에 적극적으로 참여하였다.

그러나 1970년대 중반 유가 파동과 함께 시작된 경제 침체가 장기화되면서 점차 복지국가의 사회적 토대가 약화되었다. 유럽과 북미의 신우파(New Right)는 복지국가가 근로 동기를 약화시키고 '의존의 문화(culture of dependency)'를 강화하여 경제성장을 가로막는다고 비판했다. 대처 정부와 레이건 정부가 등장하면서 통화량과 정부 재정을 축소하자는 통화주의 경제정책이 세계경제를 주도했다. 부유층의 세금을 감면하고 보편적 복지 대신 자산조사를 통한 선별적 복지제도가 확산되었다. 이런 점에서 신자유주의는 단지 철학적 논쟁이 아니라 명백하게 계급투쟁의 이념적 도구로서 작동했다.

1980년대 이후 신자유주의 이념이 세계를 지배하면서 실업이 증가하고 빈곤과 불평등이 확산되기 시작했다. 이와 동시에 노숙자와 빈민

지역이 증가하고 도시의 범죄가 급증했다. 1997년 집권한 토니 블레어(Tony Blair) 정부는 '제3의 길(The Third Way)' 노선을 제창하며 재정 균형과 복지 개혁을 추진했다. 복지와 근로 활동의 연계를 주창하며 개인의 책임을 강조하는 새로운 사회정책을 도입했다(문진영, 2004). 제3의 길 정치는 빈곤층에게 사후에 현금을 지급하는 대신 사전에 스스로 자립할 수 있는 사회적 기반을 제공해야 한다고 주장했다. 영국의 사회학자 앤서니 기든스(Anthony Giddens)는 실업급여와 같이 빈곤층에게 현금을 제공하는 복지를 '소극적 복지(negative welfare)'라고 하고, 교육과 훈련처럼 개인의 책임성과 자율성을 높이는 복지를 '적극적 복지(positive welfare)'라고 불렀다(Giddens, 1998).

1990년대 후반 이후 빌 클린턴(Bill Clinton) 대통령과 미국 민주당이 주도한 '제3의 길' 정치는 영국 신노동당 정부, 독일 사민당 정부 등에 수용되면서 전통적인 사회민주당의 공공재정 지출을 통한 재분배 정책이 급속하게 약화되었다. 유럽 대부분의 사회민주당은 중간 계급의 지지를 얻기 위해 법인세와 소득세 감면, 재정 균형, 노동시장의 유연화, 자본시장의 개방을 수용했다(김윤태, 2005). 한국에서도 1998년 이후 등장한 김대중 정부와 노무현 정부에서 미국과 유럽의 '제3의 길' 정치의 용어와 정책을 활용했다. 이 시기에 '제3의 길' 정치가 국가 복지의 영역을 축소하고 개인과 시장의 책임을 강조하는 신자유주의에 투항했다는 비판이 거세게 일어났다. 반면 '제3의 길'을 지지하는 학자들은 세계화, 기술의 진보, 고용의 변화에 따른 불가피한 개혁이라고 항변했다. 하지만 '제3의 길' 정치가 『베버리지 보고서』의 보편주의 원칙과 거리가 멀었던 것은 분명하다. 특히 2008년 세계 금융위기 이후 빈곤과 불평등이 다시 급증하자 '제3의 길' 정치가 지구화의 부정적 효과를 과소평가했다는 평가가 등장했다.

1990년대 이후 복지국가의 변화에 대한 다양한 학술적, 정치적 논쟁이 제기되었다(김윤태, 2010). 먼저, 영국의 마르크스주의 사회학자 밥 제솝(Bob Jessop)은 국민적 자본주의와 포드주의(Fordism)를 기반으로 하는 케인스주의 복지국가(Keynsian welfare state)가 지구적 자본주의와 포스트포드주의(post-Fordism)의 등장으로 슘페터주의 근로연계국가(Schumpeterian workfare state)로 대체되었다고 보았다(Jessop, 1994). 근로연계국가의 목표는 완전고용이나 사회권의 확대가 아니라 유연한 생산 체제에 적합하도록 노동시장의 유연화를 추구한다. 국가 복지는 축소되고 재상품화되어 복지정책의 급여 수준이 축소되고 노동자의 생활은 다시 시장 논리에 종속된다고 본다. 이런 관점은 모든 복지국가가 이제 국민적 자본주의와 포드주의 등 발전의 조건을 상실하였기 때문에 근본적인 축소와 재편의 길로 갈 것이라고 주장했다.

그러나 마르크스주의 학자들의 비관적 예측과 달리 복지국가의 전면적 후퇴는 발생하지 않았다. 1980년대 이후 선진 산업국가의 국내총생산 대비 전체 복지지출 비중은 거의 감소하지 않았다(Castles, 2004). 미국 정치학자 폴 피어슨(Paul Pierson)은 미국과 영국같이 복지국가를 비판한 신보수주의 정부에서도 복지국가가 쇠퇴하지 않았다고 주장한다(Pierson, 1994). 피어슨은 개별 정책 영역에서의 '프로그램 축소'와 체제의 존립 조건에 관련된 '체계의 축소'를 구별하며, 체계의 기반으로 여론, 재원, 정치제도, 이익집단 등 4개의 차원을 분석한다. 그는 영국과 미국의 '체계의 축소'에도 불구하고 '프로그램 지속성의 원천'을 정치적 맥락에서 설명한다. 레이건 정부와 대처 정부는 복지국가를 도덕적으로 비난했지만, 선거에서 유권자의 지지를 받기 위해서는 급격한 복지 축소를 단행할 수 없었다.

1980년대 이후 복지국가의 변화를 자세히 보면, 쇠퇴하거나 유지했다는 이분법 대신 세계 각국의 복지국가는 변화하는 환경에 각자의 길에 따라 적응하고 있는 것으로 보인다. 덴마크 사회학자 요스타 에스핑안데르센(Gøsta Esping-Andersen)은 선진 산업국가의 공공사회지출이 모두 증가하며, 복지 축소는 일반적 추세가 아니라고 반박했다(Esping-Andersen, 1999). 복지국가의 위기와 대응은 자유주의, 보수주의, 사회민주주의 등 복지국가 모델에 따라 상이한 유형으로 나타났다. 미국 정치학자 토르벤 이베르센(Torben Iversen)과 앤 렌(Anne Wren)도 서비스 경제(service economy)에서도 국가별로 상이한 정책 대응이 나타난다고 지적했다(Iversen and Wren, 1998). 미국 정치학자 캐슬린 텔렌(Kathleen Thelen)도 노동시장, 직업훈련의 자유주의적 개혁에서도 국가별로 다양한 차이가 존재한다고 주장했다(Thelen, 2014). 2008년 세계 금융위기 이후 미국, 독일, 스웨덴 등 세계 각국 복지정책의 변화에는 역사적 경로의존성이 상당한 영향을 미치는 것으로 보인다(김윤태, 2015).

21세기 복지국가의 변화 양상은 더욱 복잡한 그림을 보여준다. 세계 각국의 복지국가 모델은 다른 국가의 경험을 모방하거나 적용하면서 다양한 혼합형의 특성을 보이기도 한다. 국가 복지의 비중이 큰 스웨덴에서도 조건부 수급과 개인의 선택권을 보장하는 제도를 도입했다. 독일에서는 직역별 사회보험 외에도 국가 지원을 확대하는 동시에 노동 유연화를 도입하기도 했다(Merkel, 2008). 미국에서는 공공부조의 조건부 수급을 강화하는 동시에 의료보험 사각지대를 줄이려는 의료 개혁을 추진하기도 했다. 일반적으로 신자유주의가 강조하는 개인의 선택권을 수용하는 동시에 보편적 사회보험 체제를 강화하려는 노력도 기울인다(Hemerijck. 2013). 이러한 복지국가의 전환은 새로운 복지국가, 능력국가(enabling state), 사회적 포용(social inclusion), 적극적 복지, 사회투자(social investment) 등 다양한 개념으로 해석되었다.

오늘날 세계경제의 통합과 기술의 진보가 급속하게 이루어지고 있는 조건에서 복지국가가 1940년대『베버리지 보고서』가 등장했던 시대와 같은 특징으로 회귀할 것으로 보이지는 않는다(Gamble, 2016). 과거와 같은 조직화된 노동조합과 강력한 사회민주주의 정당의 회복은 불가능한 예측으로 보인다. 하지만 아무리 디지털 기술이 발전하고 재분배 정치가 약화되어도 사회적 삶의 조건을 개선하려는 인간의 노력은 사라지지 않을 것이다. 20세기 중반에 발전한 복지국가는 사회권을 강조했지만, 사회권은 자연발생적으로 생겨난 것이 아니었다. 사회권은 험난한 정치적 투쟁으로 획득되었고, 동등한 자격을 가진 시민들의 사회적 계약을 통해 조세와 사회보험제도가 만들어졌다. 조세와 사회정책이 정치투쟁의 결과이듯이 사회권 역시 정치적 과정을 통해서 지속적으로 보완되어야 한다.

복지국가는 지속적으로 사회의 새로운 변화에 반응해야 한다.『베버리지 보고서』가 등장한 1940년대 산업사회의 주요 사회적 위험은 실직, 산업재해, 질병 등이었지만, 21세기 탈산업사회의 '새로운 사회적 위험(new social risk)'은 매우 다양하다. 비정규직 노동, 일과 가정의 균형, 노인 요양 등 새로운 복지 욕구에 대응하는 포용적 제도의 강화가 필요하다(Taylor-Gooby, 2004). 현대 복지국가는 인구 고령화, 고용의 변화, 가족 구조의 변화에 어떻게 대응하느냐에 따라 상이한 방향으로 변화할 수 있다. 조세와 재정지출을 통한 부의 재분배를 추구하는 전통적인 복지국가는 복잡한 사회문제를 해결하기 어렵다. 소득재분배를 무시하고 개인적 능력주의만 강조하는 신자유주의는 사회 갈등과 불안을 막을 수 없다. 기회의 평등을 확대하여 사회적 약자를 보호하는 한편, 개인의 역량을 강화하여 빈곤과 불평등을 줄이는 정부의 적극적 정책이 중요하다.

사회적 위험에서 개인을 보호하는 일은 국가의 책임인 동시에 개인의 노력을 통해 이루어지는 것이다. 이런 점에서 미국의 정치철학자 존 롤스(John Rawls)가 제시한 기회의 평등과 '최소 극대화 원칙'에 따른 긍정적 우대 조치는 여전히 중요하다(Rawls, 1971). 또한 인도 경제학자 아마르티아 센(Amartya Sen)이 주장한 대로 개인의 자원을 효율적으로 활용할 수 있는 '역량'을 강화해야 한다(Sen, 1999). 개인의 적극적 자유를 발전시키기 위해서는 공교육과 공공보건을 제공하는 정부의 역할이 매우 중요하다. 21세기에도 경제성장을 뛰어넘어 사회적 가치와 평등을 강조하는 앤서니 앳킨슨(Anthony B. Atkinson), 조지프 스티글리츠(Joseph E. Stiglitz), 토마 피케티(Thomas Piketty)와 같은 경제학자들의 혜안에는 베버리지가 추구한 가치가 숨겨져 있다. 이런 점에서 '국민최저선'과 함께 '보편주의' 원칙을 강조한『베버리지 보고서』의 이상은 시대를 초월해 여전히 중요한 의미를 갖는다.

『베버리지 보고서』와 한국 사회

1948년 한국의 제헌헌법을 만든 유진오의 책상 위에『베버리지 보고서』가 있었다는 사실은 많이 알려져 있지 않다. 1960년대 한국에서 발췌 번역되었으나 오래전에 절판되어 학자들을 제외하고 사람들이 접할 기회가 거의 없었다. 『베버리지 보고서』가 외면을 받은 것처럼 한국에서 복지국가는 '남의 집 떡'처럼 취급받았다. 경제성장이 언제나 최고 가치였다. 1963년 박정희 정부가 의료보험 등 사회보험제도를 도입했지만, 대다수 국민은 복지 혜택에서 소외되었다.

1997년 외환위기 직후 등장한 김대중 정부는 국민기초생활보장제도와 사회보험제도의 전면적 확대를 단행했다. 그러나 외환위기의 시대에 등장한 김대중 정부의 복지정책은 영국의 베버리지 방식을 그대로 따르지 않았다. 김대중 정부가 추진했던 '생산적 복지'는 독일 비스마르크 시대의 사회보험, 미국 클린턴 정부의 노동연계복지(workfare), 영국 블레어 정부의 '일을 향한 복지(welfare to work)'의 영향을 많이 받았다. 결국 김대중 정부의 복지제도는 보편주의, 선별주의, 노동연계복지의 독특한 혼합이 되었다.

한국 사회에서 아직도 『베버리지 보고서』의 원칙은 제대로 실현되지 않았다. 국민보험의 원칙에 한참 미치지 못할 수준으로 노인과 비정규직 노동자 등 사회보험의 사각지대가 광범위하게 남아 있어 보편적 사회보험이라 보기 어렵다. 독립 사업자로 분류되는 플랫폼 종속 노동자의 비중이 증가하는 데 비해 사회 보호 체계는 매우 제한적이다. 정부의 조세 부담률과 공공사회지출 비율이 지나치게 낮은 반면, 여전히 시장화와 가족화의 수준이 매우 높다(윤홍식, 2019). 한국은 국제노동기구(ILO)의 102조 사회보장협약(의료, 상병급여, 실업급여, 노령급여, 산재급여, 가족급여, 모성급여, 장애급여, 유족급여)에 단 한 개도 가입하지 않았다. 보편적 복지국가를 추진하는 구체적 청사진과 종합적 전략도 제시하지 못했다(이태수, 2014). 이러한 한국 복지제도의 저발전은 베버리지의 원대한 이상과는 거리가 멀다.

　전쟁의 폐허 속에서 보편적 사회보험을 도입하려고 시도한 베버리지는 지금 기준에서 보면 지나친 낙관주의자일 수 있다. 그러나 베버리지의 열정과 비전이 전후 복지국가를 설계했듯이, 미래를 내다보는 위대한 통찰력과 상상력이 인간의 역사를 이끈다. 21세기 디지털 기술과 코로나19 위기의 시대에서도 『베버리지 보고서』는 보편적 복지국가를 실현하는 데 중요한 원칙과 기준을 제공한다. 오늘날 기본소득, 국토보유세, 로봇세가 논의되는 시점에도 여전히 적절한 수준의 임금과 국민보험의 보편주의 원칙이 더욱 중요하기 때문이다. 또한 개인의 역량을 강화하는 공교육과 공공보건, 사회 서비스의 제공이야말로 사회 발전의 필수적 요소이다. 이런 점에서 『베버리지 보고서』의 원칙은 오늘날 우리가 직면한 '새로운 거대 악'을 해결하는 종합적 대책을 수립하기 위한 역사적 교훈을 주고 있다.

참고문헌

김윤태. 2005. 「영국 복지국가의 전환: 사회정책의 한계와 가능성」. 『사회복지정책』 21. pp. 189-216.

김윤태. 2010. 『한국 복지국가의 전망』. 한울.

김윤태. 2014. 「김윤태 교수가 말하는 베버리지 사상의 궤적과 의미」. 이창곤 지음, 『복지국가를 만든 사람들: 영국편』. pp. 84-91. 서울: 인간과복지.

김윤태. 2015. 『복지국가의 변화와 빈곤 정책』. 집문당.

김윤태 엮음. 2016. 『복지와 사상』. 한울.

문진영. 2004. 「영국의 근로복지(workfare) 개혁에 관한 연구」. 『사회복지정책』 56(1). pp. 45-70.

윤홍식. 2019. 『한국 복지국가의 기원과 궤적 1, 2, 3』. 사회평론아카데미.

이창곤. 2014. 『복지국가를 만든 사람들: 영국편』. 인간과복지.

이태수. 2014. 「보편적 복지국가로 가는 길에서의 민주정부 10년의 복지정책」. 『비판사회정책』 43. pp. 236-274.

Beveridge, William. 1942. *Social Insurance and Allied Services*. HMSO.

Beveridge, William. 1944. *Full Employment in a Free Society*. Allen and Unwin.

Beveridge, William. 1948. *Voluntary Action*. Routledge.

Castles, Francis Geoffrey. 2004. *The Future of the Welfare State*. Oxford University Press.

Esping-Andersen, Gosta. 1999. *Social Foundations of Postindustrial Economies*. Oxford University Press.

Fraser, Derek. 1973. *The Evolution of the British Welfare State: A History of Social Policy since the Industrial Revolution*. Macmillan.

Gamble, Andrew. 2016. *Can the Welfare State Survive?* Cambridge: Polity.

Giddens, Anthony. 1998. The Third Way: The Renewal of Social Democracy. Cambridge: Polity. (한상진, 박찬욱 역. 1998. 『제3의 길』. 생각의나무.)

Glennerster, Howard. 2007. *British Social Policy Since 1945*. Blackwell.

Hemerijck, Anton. 2013. *Changing Welfare States*. Oxford: Oxford University Press.

Iversen, Torben and Anne Wren. 1998. "Equality, Employment, and Budgetary Restraint: The Trilemma of the Service Economy." *World Politics* 50(4): 507-546.

Jessop, Bob. 1994. "The transition to post-Fordism and the Schumpeterian workfare state." in *Towards a Post-Fordist Welfare State*. Burrrows, R. and Loader, B. ed. London: Routledge.

Lowe, Rodney. 2005. *The Welfare State in Britain since 1945*. Palgrave.

Marshall, T. H. 1950. "Citizenship and Social Class." from *Citizenship and Social Class and Other Essays*. Cambridge: Cambridge University Press.

Merkel, Wolfgang. 2008. *Social Democracy in Power*. Routledge.

Pierson, Paul. 1994. *Dismantling the Welfare State? Reagan, Thatcher, and the Politics of Retrenchment*. Cambridge University Press. (박시종 역. 2006. 『복지국가는 해체되는 가』. 성균관대학교 출판부.)

Przeworski, Adam. 1985. *Capitalism and Social Democracy*. Cambridge: Cambridge University Press.

Rawls, John. 1971. *A Theory of Justice*. Harvard University Press. (황경식 역. 2003. 『정의론』. 이학사.)

Sen, Amartya. 1999. *Development as Freedom*. Afred A. Knopf. Inc. (김원기 역. 2013. 『자유로서의 발전』. 갈라파고스.)

Taylor-Gooby, Pete. 2004. *New Risks. New Welfare*. Oxford University Press.

Thelen, Kathleen. 2014. *Varieties of Liberalization and the New Politics of Social Solidarity*. Cambridge: Cambridge University Press.

우리가 다시 '베버리지'를 보아야 하는 이유

윤홍식

사회정책과 관련된 전문적 내용과 딱딱한 용어로 서술된 『베버리지 보고서』(정식 명칭은 '사회보험과 관련 서비스')는 1942년 출간과 함께 대중적 베스트셀러가 되었다.

왜 열광했을까?

『베버리지 보고서』를 읽어보려고 시도했던 사람이라면 누구나 보고서를 끝까지 완독하기 위해서는 대단한 인내심이 필요하다는 것을 읽기 시작하자마자 느꼈을 것이다. 그래서 그런지 『베버리지 보고서』를 알고 있고 그 의미도 이해하고 있는 사회정책 전문가조차도, 정작 『베버리지 보고서』를 제대로 읽어본 사람은 드물다. 그런데 이상한 일이 벌어졌었다. 지금으로부터 80년 전, 영국에서 『베버리지 보고서』가 발간

되었을 때 시민들은 보고서를 구매하기 위해 1.6km가 넘는 긴 줄에서 기다리는 것을 마다하지 않았다고 한다(김윤태, 2014). 실제로 보고서는 발간된 지 3시간 만에 7만 부가 팔렸다고 한다(Cockett, 1995: 60). 어떻게 이 지루하기 짝이 없는 정부 보고서가 시민들이 줄을 서며 구입해 읽고 싶어 했던 베스트셀러가 되었던 것일까? 쉽게 이해가 가지 않는다. 그러나 조금만 생각해보면 영국의 시민들이 왜 보고서의 출간에 그렇게 열광적인 반응을 보였는지 짐작할 수 있다.

20세기 들어서면 영국 시민들은 이미 한 차례의 참혹한 대규모 전쟁을 겪었고(1차 세계대전, 1914~1918) 1942년에는 1차 세계대전보다 더 비참한 세계대전을 겪는 중이었다. 특히 보고서가 발간되었을 때는 1929년 대공황의 여파가 지속되면서 평범한 시민들은 기본적인 생활을 유지하는 것조차 어려웠던 시기였다. 실제로 영국의 실업률은 1932년 3월 12.7%에서 1937년 6월에는 27.5%까지 높아졌고, 2차 세계대전이 발발하기 직전인 1939년 6월에도 25.0%에 달했다(Crafts, 1987). 이러한 상황에서 2차 세계대전의 발발은 시민들에게 그야말로 재앙에 재앙이 덮친 것 같았을 것이다. 전쟁으로 인해 실업률은 낮아졌지만, 1차 세계대전 종전 후 극심한 경기 침체와 높은 실업률을 경험했던 시민들이 전쟁이 끝난 이후 삶에 대해 극도의 불안감을 가졌던 것은 어쩌면 너무나 당연한 일이었다. 케인스와 더불어 20세기 가장 뛰어난 경제학자라고 불리는 폴 새뮤얼슨(Paul Samuelson)은 2차 세계대전 이후 세계경제가 "어떤 경제도 지금까지 경험해보지 못한 최악의 실업과 산업 혼란의 도래"에 직면할 것이라고 예견했다. 새뮤얼슨만이 아니었다. 혁신이론의 대가인 조지프 슘페터(Joseph Schumpeter)를 비롯해 스웨덴 복지국가의 초석을 닦았던 군나르 뮈르달(Gunnar Myrdal)도 2차 세계대전의 종전이 가져올 경제 위기에 대해 경고했다(윤홍식, 2019a; Wapshott, N. 2021[2022]; Sejersted, 2005[2015]).

『베버리지 보고서』에 대한 예상하지 못했던 시민들의 열광은 바로 종전 후 닥쳐올 위기에 대해 국가가 시민의 삶을 시장에 맡기는 자유방임주의를 버리고 적극적으로 개입해 시민의 삶을 보호하라는 공개적인 요구였던 것이다. 당시 한 여론조사에 따르면 영국인의 95%가『베버리지 보고서』를 알고 있었고, 그중 88%가 보고서에 우호적이었던 반면 반대하는 의견은 6%에 불과했다고 한다(Cockett, 1995: 60). 그러지 않고서야 그 딱딱하고 지루한 정부 보고서가 63만 부가 넘는 판매 부수를 기록할 이유가 없었을 것이다. 더 놀라운 일은『베버리지 보고서』의 인기는 영국에만 국한된 것이 아니었다는 사실이다. 보고서의 주요 내용이 담긴 문서가 히틀러의 지하 벙커에서도 발견되었고(이창곤, 2014), 영국의 지구 반대편에 위치했던 신생 독립국인 한국에서도『베버리지 보고서』는 새로운 나라를 만들어갈 사람들이 참고해야 할 문서였다. 실제로 제헌헌법의 초안을 만든 유진오의 책상 위에도『베버리지 보고서』가 놓여 있었다고 한다(김윤태, 2014: 91).

하지만 아무리 공전의 인기를 누린 보고서라도 이미 80년의 시간이 흘렀고, 지리적으로는 지구 반대편에 있는 한국 사회에서 2022년『베버리지 보고서』를 다시 호명하는 이유는 무엇일까? 이유는 분명해 보인다. 2020년 초 코로나19 위기가 시작되었을 때 우리는 코로나19 위기를 세계대전에 준하는 전쟁이라고 이야기하곤 했다. 국제통화기금(IMF)의 수석경제학자를 역임했고, 현재 하버드대학교 경제학과에 재직 중인 케네스 로고프(Kenneth Rogoff) 교수는 코로나19가 전 세계로 퍼져나갔을 때 미국 공영방송(PBS)과 진행한 인터뷰에서 당시 상황을

"정말 외계인이 침공해 (지구가) 점령당한 느낌이다"라고 이야기했을 정도였다(PBS, 2020. 3. 19.). 어쩌면 시민들은 전쟁과도 같은 코로나19 팬데믹의 긴 터널에서 막 빠져나오려고 하고 있는 지금, 2차 세계대전 당시 영국인들이 그랬던 것처럼, 팬데믹 이후 펼쳐질 세상에 불안해하고 있을지도 모른다.

우리 모두가 코로나19 팬데믹에서 벗어나고 싶어 하지만, 우리는 우리가 가야 할 길이 어느 길인지는 확신하지 못하고 있다. 다만 우리가 가야 할 미래가 코로나19 팬데믹 이전으로 돌아가는 것은 아니라는 것이 분명해 보인다. 생각해보라. 팬데믹 이전 한국 사회는 불평등과 격차가 점점 더 심각해지는 사회였다. 부모의 사회경제적 지위를 자녀들에게 세습시키기 위해 엘리트들이 보여준 행동은 일반 시민이라면 상상도 할 수 없는 일들이었다. 이런 상황에서 코로나19 팬데믹이 덮쳤다. 그리고 모두가 예견했던 것처럼 그 피해의 대부분은 우리 사회에서 가장 취약한 사람들이 짊어지고 있다. 한국은 코로나19 팬데믹을 거치면서 이전보다 더 불평등한 사회가 되었다. 전쟁은 부자들의 부를 파괴함으로써 사회적 부의 분배를 평등하게 만들지만, 코로나19 팬데믹은 오히려 부자를 더 부유하게, 가난한 사람을 더 가난하게 만들고 있기 때문이다(Furceri, Loungani, Ostry, and Pizzuto, 2020). 전쟁보다 더 나쁜 상황이 벌어진 것이다.

이것이 『베버리지 보고서』가 발간된 지 80년이 지났고, 사회경제적 상황이 크게 바뀌었지만, (불평등의 확산이라는 측면에서 보면) 전쟁보다 더한 코로나19 위기를 겪고 있는 우리가 더 나은 포스트 코로나 시대를 위해 『베버리지 보고서』를 다시 호명해야 하는 이유이다. 이 글은 이러한 인식에 기초해 먼저 코로나19 위기가 드러낸 한국 복지국가의 실상을 핵심 특성을 중심으로 살펴보고, 이어서 한국 복지국가의 형성에 관해 간략하게 검토했다. 마지막으로 『베버리지 보고서』가 코로나19 위기 이후 새로운 복지국가를 꿈꾸는 우리에게 어떤 의미를 갖는지를 정리했다.

코로나19가 드러낸 한국 복지국가의 실상

한국 복지국가의 특성과 관련해서는 많은 논쟁이 있지만, 코로나19 팬데믹을 거치면서 우리는 한국 복지국가의 특성을 확인할 수 있었다. 코로나19 팬데믹이 발생하자, 정부는 강제적으로 사회적 거리두기를 실행하면서 소비와 생산 활동을 중단시켰다. 이런 과정에서 수많은 시민이 일자리와 소득을 잃었다. 문제는 이렇게 일자리와 소득을 잃은 대부분의 노동자가 비정규직과 영세 자영업자였다는 것이다. 코로나19 위기가 발생하기 이전인 2019년 12월과 코로나19 위기가 발생한 이후 종사상 지위별 취업자 추이를 비교해보면, 임시직, 일용직, 유고용 자영업 일자리가 급격히 감소한 것을 확인할 수 있다. 2020년 12월 자료를 보면, 코로나19가 발생하기 전인 전년 동기 대비 임시직 일자리는 35.1%, 일용직은 17.0%, 유급고용 자영업은 13.8% 감소한 것으로 나타났다(고용노동부, 2021).

문제는 사회적 위기가 단순히 불안정한 고용 상태에 있는 노동자가 일자리를 잃은 것에 그치지 않았다. 일자리를 잃어도, 일정 기간 소득을 보장해주는 사회보장제도가 제도화되어 있었다면, 위기의 강도는 상대적으로 덜했을 것이다. 그러나 일자리를 잃은 비정규직과 영세 자영업자 대부분은 실직(폐업)했을 때 일정 수준의 소득을 보존해주는 고용보험으로부터 배제되어 있었다. 실제로 코로나19 팬데믹이 시작되기 전인 2019년 기준으로 비정규직의 고용보험 가입률은 47.9%에 불과했고, 자영업자의 가입률은 0.57%에 불과하다(김유선, 2021; 『경북도민일보』, 2021. 9. 8). 불안정 고용 상태에 있는 노동자의 비율이 다른 OECD 회원국과 비교해 매우 높다는 점에서 이들이 사회보장제도에서 배제되어 있다는 것은 심각한 문제였다. 2019년 기준, 한국의 임시직 비율은 28%로, OECD 회원국 평균인 11.8%의 세 배에 가까웠다. 자영업자의 비중이 OECD 회원국 중 가장 높은 수준에 속하는 것은 이미 알려진 사실이다(24.6%, 유럽연합 28개국 평균 15.3%. OECD, 2022). 한국 복지국가는 이렇게 불안정한 고용 상태에 있는 노동자의 비중이 상대적으로 높고, 사회보험이 상대적으로 안정적 고용과 소득을 보장받는 계층에게 집중되어 있는 '역진적 선별성'이라고 불리는 특성을 갖고 있었다.

그렇다고 정부가 위기에 적극적으로 대응했던 것도 아니다. 물론 과거에 비해 정부는 코로나19 위기로 발생한 실업과 소득 상실에 적극적으로 대응했다. 그러나 〈그림 1〉에서 보는 것처럼, OECD 회원국과 비교해보면 한국 정부의 대응은 매우 소극적이었다. 뉴질랜드 정부가 팬데믹 기간 동안 고용 유지를 위해 전체 일자리의 70% 가까이를 지원했던 것에 반해 한국 정부가 고용 유지를 위해 지원한 비율은 전체 취업자의 4%에도 미치지 못했다. 그렇다고 미국, 뉴질랜드, 캐나다, 호주, 영국처럼 현금 지원을 대대적으로 했던 것도 아니었다. 이들 복지국가들은 취약한 사회보장제도를 대신해 코로나19 위기 국면에서 GDP 대비 15~20%에 달하는 현금 지원을 하면서 위기에 처한 시민을 보호했다. 반면 한국 정부의 현금 지원액은 GDP의 4%를 넘지 않았다. 한국은

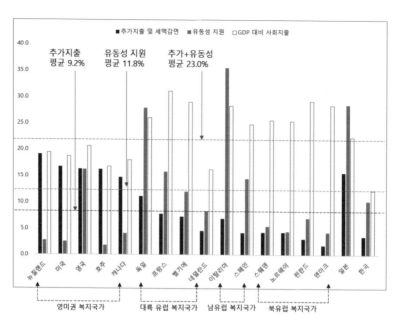

그림 1. 코로나19에 대한 OECD 주요국의 대응: 추가 지원(현금)과 유동성 지원, 2020

자료 출처: IMF. 2021. Fiscal monitor database of country fiscal measures in response to the COVID-19 pandemic.

북유럽처럼 사회보장제도가 보편적으로 갖춰져 있는 것도 아니고, 자유주의 복지국가들처럼 긴급한 위기에 대규모 재정지출을 통해 시민이 직면한 위기에 대응했던 것도 아니었다. 위기는 고스란히 취약 계층이 감당해야 할 일이었다. 한국 복지국가의 민낯이 그대로 드러나는 순간이었다.

왜 한국은 이상한 복지국가를 만들었을까?

코로나19라는 전대미문한 위기가 발생했을 때 한국 복지국가는 시민들의 삶을 지켜내는 역할을 제대로 하지 못했다. 아니 거의 하지 못했다. 왜 그랬을까? 다양한 이유가 있겠지만, 이런 모습은 한국 복지국가가 만들어진 독특한 역사적 과정의 결과였다. 크게 보면 한국 복지국가의 특성은 1990년대를 기준으로 그 이전과 이후로 구분할 수 있다. 먼저 1990년대 이전의 상황을 보면 〈그림 2〉에서 보는 것처럼 시민의 삶을 보호하는 데 정부의 역할은 극히 제한적이었다. 소득 불평등의 예를 통해 한국 복지국가의 모습을 살펴보자. 〈그림 2〉에서 보는 것처럼 이 시기 동안 지니계수는 동 기간 0.389에서 0.310으로 크게 낮아졌다. 하지만 불평등의 감소는 공적 소득 이전의 결과가 아니었다(빈곤의 감소도 마찬가지이다). GDP 대비 사회지출은 1980년 1.61%에서 1993년 2.81%로 불과 1.40%p 증가하는 데 그쳤다. 그럼 무엇이 불평등을 낮추었던 것일까? 한국에서 불평등과 빈곤의 완화는 공적 복지의 확대가 아니라 고도성장이 일자리를 만들고 이렇게 만들어진 일자리가 장시

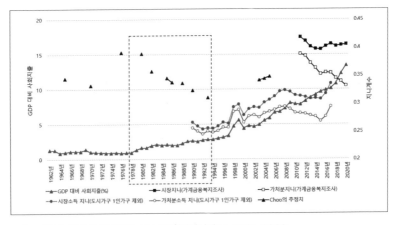

그림 2. GDP 대비 사회지출과 소득 불평등(지니계수), 1962~2020

자료 출처: 통계청. 2021. 「2021년 가계금융복지조사 결과」; Choo, H. J. 1992. "Income distribution and distributive equity in Korea." In L. Krause and F. Park, eds., *Social Issues in Korea.* Seoul: KDI; 김낙년, 김종일. 2013. 「한국 소득분배 지표의 재검토」 「한국경제의 분석」 19(2): 1-50; Kwack, S. Y. and Lee, Y. S. 2007. Income distribution of Korea in Historical and international prospects. Seoul: KDI; 한국보건사회연구원 소득보장정책연구실. 2021. 「2021 빈곤통계연보」 한국보건사회연구원; OECD. 2022. Social expenditure: Aggregated data. https://stats.oecd.org/Index.aspx?DataSetCode=SOCX_AGG.

간 노동과 결합하면서 만들어낸 '개발국가 복지체제'의 결과였다(윤홍식, 2019b).

이렇게 형성된 개발국가 복지체제의 경험이 분배의 핵심적 원리로 작동하고 있는 가운데, 한국 복지국가의 두 번째 시기가 시작되었다. 주목해야 할 특징은 1980년대 말부터 노동시장에서 불안정 고용 상태에 있는 노동자들이 증가하기 시작했다는 점이다(김성희, 2008). 더욱이 1986~1988년의 3저 호황이 끝나고 1990년대에 들어서자 한국의 대기업들은 '신경영전략'이라고 불리는 숙련 노동자의 고용을 우회하는 방식, 즉 공정 자동화를 통해 생산성을 높이는 전략으로 전환하게 된다(요코타 노부코橫田伸子, 2020[2012]). 대기업이 만들어내던 괜찮은 제조업 일자리가 자동화 기계와 소수의 엔지니어 일자리로 대체되는 현상이 벌어진 것이다. 그리고 2013년을 지나면서 한국은 노동자 1만 명당 사용하는 로봇 대수가 373대로 세계 최고 수준을 기록한다(가장 최근 자료인 2020년은 932대이다. 정준호, 2020; IFR, 2021).

여기에 1997년 IMF 외환위기를 거치면서 정리해고가 일반화되고, 김대중 정부가 안정적으로 기여금을 장기간 납부해야 수급자가 될 수 있는 사회보험을 중심으로 한국 복지국가를 확대되면서, 공적 사회보험으로부터 배제되는 집단이 대규모로 발생하게 된 것이다(윤홍식, 2019c). 2차 세계대전이 끝난 후 산업자본주의의 황금시대가 열리면서 좋은 일자리가 대량으로 양산되는 상황에서 사회보험을 중심으로 공적 복지를 확대했던 서구 복지국가는 완전히 다른 상황에서 한국은 사회보험을 중심으로 공적 복지를 확대했던 것이다. 한국은 노동시장에서 좋은 일자리가 감소하는 상황에서(제조업 고용이 쇠퇴하는 탈산업화 과정) 정규직 노동자에 기초한 사회보험을 중심으로 공적 복지를 확대하면서, 공적 복지의 확대가 공적 사회보험으로부터 배제되는 집단을 대규모 양산하는 역설적 결과를 만든 것이다. 『베버리지 보고서』의 중요한 제안 중 하나가 국민 중 어느 누구도 공적 사회보장제도로부터 배제되는 사람이 없도록 촘촘하고 보편적인 사회보장제도를 만드는 것이었다는 점을 고려하면, 한국 복지국가는 그 시작부터 공적 사회보장제도로부터 배제되는 대규모 집단을 만드는 방식으로 만들어졌다고 할 수 있다.

『베버리지 보고서』가 우리에게 하고 싶은 말

사회적 위험에 가장 취약한 집단을 보호하지 못하는 한국 복지국가의 이러한 역설적 상황이 한국 사회가 『베버리지 보고서』를 다시 호명해야 하는 이유이다. 『베버리지 보고서』가 주는 다양한 함의를 생각할 수 있지만, 핵심적 함의를 몇 가지로 추려보면 먼저 복지국가와 보편주의 사회보장제도의 관계를 살펴볼 필요가 있다. 보편주의의 관점에서 『베버리지 보고서』는 두 가지 방식으로 해석할 수 있는데, 하나는 사회적 위험에 대한 대응으로서 보편주의이다. 앞서 이정우 교수의 글에서 인용했듯이, 『베버리지 보고서』는 사회보장을 단순히 소득 상실에 대응해 소득을 보장해주는 것을 넘어, 보건의료, 교육, 돌봄 등 다양한 서비스에 대한 욕구 또한 사회보장의 범위에 포괄했다. 즉 『베버리지 보고서』는 실직으로 인한 소득 상실과 같은 사회적 위험만이 아니라, 인간이 인간다운 생활에 필요한 모두를 사회보장에 포괄했다는 점에서 공적으로 대응해야 하는 사회적 위험의 보편성을 확장했다. 다른 하나는

『베버리지 보고서』가 기본적으로 보편적 사회보장을 추구하지만, 현실적으로 하나의 제도로 모든 시민을 포괄할 수 없다는 것을 인정하고 이에 기초해 보고서를 구성했다는 점이다. 19항의 두 번째 항목을 보면 사회보장의 대상을 크게 근로연령대 집단과 비근로연령대 집단으로 나누고, 세부적으로 6개 집단으로 구분해 각각의 집단에 필요한 사회보장제도를 설계함으로써 모든 국민을 공적 사회보장제도의 틀 안에 포괄하는 보편주의를 실현하려고 했다는 점이다. 예를 들어, 19항 열 번째 항목에서 '사회보험에 보호되지 않는 욕구들에 대해 자산조사에 기초한 공공부조를 통해 보호하겠다는 것은 이러한 의지를 분명하게 드러낸 것이라고 할 수 있다.

『베버리지 보고서』의 보편주의에 대한 이러한 관점은 우리가 어떻게 복지국가를 확대할지와 관련해 중요한 함의를 준다. 바로 한국 복지국가가 사회보장제도의 역진적 선별성을 완화하고 모든 국민을 사회보장제도에 보편적으로 포괄하기 위해서는 소득보장제도만이 아닌 국민이 일상생활을 유지하는 데 필요한 핵심적인 사회 서비스를 공적 사회보장제도 내로 포괄해야 하는 동시에, 어느 누구도 공적 사회보장제도로부터 배제되는 집단이 발생하지 않도록 제도를 촘촘하게 설계해야 한다는 것을 의미한다. 노동을 통해 생활에 필요한 소득을 얻는 것이 당분간 삶의 중요한 방식으로 지속될 것이라는 현실을 고려했을 때 고용에 기초한 사회보험제도는 지속적으로 확대될 필요가 있다. 하지만 사회보험제도가 보편적으로 확대된다고 해도, 설령 사회보험제도가 고용관계가 아닌 소득에 기초한 사회보험제도로 전환된다고 해도, 이에 해당하지 않는 시민은 있을 수밖에 없다. 그러므로 보편적 복지국가를 만들어가기 위해서는 사회보험의 확대와 개혁만이 아닌 인구사회적 특성에 기초한 보편적 수당제도와 취약 계층의 특별한 필요에 대응하는 공적 부조의 확대 또한 필수적이라고 할 수 있다(302항). 다만 두 가지를 분명히 할 필요가 있다. 『베버리지 보고서』 14항에서도 밝혔듯이 사회보험제도에 대해 공적 부조의 역할은 보조적이라는 점 또한 분명히 할 필요가 있고, 자영업자가 직면한 사회적 위험에 어떻게 대응할지는 그때나 지금이나 여전히 난제로 남아 있다.*

두 번째는 국가와 시장의 역할에 관한 것이다. 일부 논자들은 공적 사회보장제도와 민간보험제도의 역할 배분을 주장하는 경우가 있다. 물론 국가와 시장의 협력은 필수적이다. 『베버리지 보고서』에서도 공적 사회보험제도와 임의보험(민간보험)의 관계에 대해 둘 간의 협력은 권장되어야 한다고 했다. 하지만 보고서는 공적 사회보험제도가 근간이고 임의보험의 역할은 부차적이라는 점을 분명히 했다는 점도 기억해야 한다(14항, 17항, 265항). 한국 복지국가의 취약성은 시장의 역할(민간보험의 역할)에 비해 공적 사회보장제도의 역할이 지나치게 위축되어 있다는 점이다. 현재 한국의 사회보장제도에서는 공적 사회보장제도만으로 사회적 위험에 적절히 대응할 수 있는 급여를 제공할 수 없기 때문에, 국민은 (사회적 위험에 적절히 대응하기 위해서는) 반강제적으로 민간보험에 가입해야 하는 상황에 몰려 있다. 실제로 정책기획위원회의 조사에 따르면, 2016년 기준으로 가계가 국민연금에 납부하는 기여금은 21.7조 원인 데 반해 민간연금(개인연금)에 납부하는 보험료는 무려 34.8조 원에 이르고 있다(대통령 직속 정책기획위원회·관계 부처 합

....

* 고용 기반 사회보험을 소득 기반 사회보험으로 전환하고 자영업자와 임금노동자를 한 제도에 포함하는 대신 급여 체계를 분리하는 일제양여제도를 검토해볼 수는 있을 것 같다.

동, 2018). 문제는 민간보험 또한 공적 사회보험처럼 상대적으로 안정적 고용과 괜찮은 소득이 있는 집단이 더 많이 가입해 있고, 납부하는 보험료 또한 소득 계층에 따라 큰 차이가 있다는 점이다(성혜영, 2019). 즉 취약한 공적 사회보험제도의 급여가 중산층 이상 계층에게 민간보험의 가입을 유도하고, 이로 인해 공·사적 영역에서 역진적 선별성이 강화되고 있는 것이 한국 복지국가의 현실이라고 할 수 있다.

마지막으로 시대의 흐름과 『베버리지 보고서』의 발간 간의 관계를 한국 복지국가의 현실에 대응해볼 필요가 있다. 여러 문헌에서 언급했듯이 베버리지는 보고서를 작성하면서 케인스와 긴밀한 관계를 유지했고, 케인스로부터 큰 도움을 받았다. 그러나 베버리지가 케인스에게 처음부터 우호적이었던 것은 아니었다. 런던정경대학 경제학과 교수였던 라이어널 로빈스가 케인스에 대항하기 위해 프리드리히 폰 하이에크를 초청해 특별 강연을 런던정경대학에서 개최하려고 했을 때 이를 가장 반긴 사람 중 하나는 당시 총장으로 있던 베버리지였다. 베버리지와 친밀했던 비어트리스 웹은 베버리지가 "케인스를 심하게 싫어하고 경제학계의 돌팔이로 여겼다"라고 이야기했을 정도였다. 베버리지는 하이에크가 케인스의 코를 납작하게 만들어주기를 원했다. 그리고 케인스의 이론을 정면으로 비판하는 네 차례 강연이 끝난 후 베버리지는 하이에크에게 방문교수직을 제안했고 하이에크는 아무런 조건 없이 이를 수락했다(Wapshott, 2014[2011]: 131, 157). 그런데 이상한 일이 벌어졌다. 국민 생활에 대한 국가의 책임을 강화할 것을 주장했던 케인스에게 적대적이었던 베버리지가 『베버리지 보고서』를 작성하는 위원회의 위원장을 맡고(사람은 참 알다가도 모르겠다. 고전학파 경제학을 신봉했던 베버리지가 덥석 이런 위원회의 위원장을 맡다니!), 자신의 이름으로 보고서를 발간한 것은 역설이라고 할 수 있다.

왜 그랬을까? 베버리지의 이러한 변심(?)을 단순히 개인적 변덕이라고 치부할 수는 없다. 그 저변에는 세계를 해석하는 프레임의 변화가 자리 잡고 있었기 때문이다. 1929년 대공황이 발생하고 2차 세계대전이 발발하기 전까지 전통적 고전학파 경제학(자유방임주의)은 국민의 삶을 보호하고 경제를 다시 일으킬 수 있는 실제적 대안을 내오지 못했다. 반면 케인스는 국가가 유효수요를 적극적으로 확대해 경제를 회복시킬 수 있다는 전통적 고전학파의 경제이론에 반하는 새로운 경제이론을 제시했다. 그리고 2차 세계대전의 발발은 케인스의 주장을 입증하는 살아 있는 증거가 되었다. 전쟁이 일어나 국가가 재정지출을 늘리고 생산에 적극적으로 개입할 수 없는 조건이 만들어지자 실업이 급격히 감소하고 경제가 살아나는 상황이 벌어졌다. 이러한 현실을 목도한 많은 고전학파 경제학자들은 속속 케인스의 입장으로 전향했고, 케인스에 극렬히 맞섰던 로빈스조차도 케인스의 견해를 지지하는 입장으로 돌아서게 된 것이다. 구체적으로 알려져 있지는 않지만, 베버리지도 케인스에 대한 적대감을 버리고 케인스의 입장을 지지하는 것으로 자신의 생각을 바꾸었을 것이다. 케인스의 주장에 기초해 작성된 『베버리지 보고서』의 핵심 집필자 중 한 명이 하이에크의 가장 뛰어난 제자인 니콜라스 칼도어(Nicholas Kaldor)였다는 것이 이를 방증한다고 할 수 있다(Wapshott, 2014[2011]: 411).

『베버리지 보고서』는 이렇게 세계를 바라보는 패러다임이 극적으로 전환되는 과정에서 만들어진 산물이었다고 할 수 있다. 하지만 우리가 잘 알고 있듯, 1970년대 자본주의 위기에 대응할 수 있는 대안이 없었던 케인스주의는 1980년대에 들어서면 역사의 뒤안길로 물러나고,

하이에크가 주장했던 자유주의가 다시 세상을 지배하는 패러다임이 된다. 그리고 대부분의 서구 복지국가(심지어 북유럽 복지국가들 또한)는 비록 다양한 형태로 나타나긴 했지만, 신자유주의적 변형을 감내해야 했다(Thelen, 2014). 그리고 30여 년이 지난 2008년 금융위기 이후 신자유주의는 장기침체를 해결하지 못하며 위기에 빠졌고, 코로나19 팬데믹을 거치면서 다시 케인스주의 패러다임이 부활하는 현실을 우리는 목도하고 있다. 그리고 마침내『파이낸셜타임스』는 2020년 10월 워싱턴 DC에서 개최된 국제통화기금(IMF)과 세계은행의 연례회의에서 '신자유주의의 종언'을 선언했다. 인플레이션 통제와 긴축을 경제사회정책의 운영 기조로 삼았던 신자유주의가 물러나고 다시 적극적 고용과 적극적 재정을 강조하는 케인스의 생각이 힘을 받고 있는 것이다.『베버리지 보고서』는 정확히 80년 전에 이러한 패러다임 전환의 국면에서 발간된 시대를 예비했던 보고서였다. 2008년 금융위기와 코로나19 팬데믹이라는 긴 터널을 빠져나오는 지금, 모든 시민이 시민이라는 이유 하나만으로 적절한 생활을 보장받아야 한다는『베버리지 보고서』의 정신이 80년이 지난 2022년 다시 우리 사회에 공명해야 하는 이유이다.

참고문헌

『경북도민일보』. 2021. 「자영업자 고용보험 가입률 0.57% 불과」. 2021. 9. 8.

고용노동부. 2021. 「2020년 12월 및 연간 고용동향」.

김낙년, 김종일. 2013. 「한국 소득분배 지표의 재검토」. 『한국경제의 분석』 19(2): 1-50.

김성희. 2008. 「한국 비정규직노동자의 현실과 대안」. 고려대학교 노동문제연구소. 『2008 한국사회와 비정규직』. pp. 17-40.

김유선. 2021. 「비정규직 규모와 실태: 통계청, 경제활동인구조사 부가조사(2021. 8)」. KLSI Issue Paper, 159(2021-18).

김윤태. 2014. 「김윤태 교수가 말하는 베버리지 사상의 궤적과 의미」. 이창곤 지음, 『복지국가를 만든 사람들: 영국 편』. pp. 84-91. 인간과복지.

대통령 직속 정책기획위원회, 관계 부처 합동. 2018. 「문재인정부 포용국가 비전과 전략」. 2018년 11월 23일.

성혜영. 2019. 「근로자의 소득수준별 퇴직. 개인연금 가입현황과 시사점」. 『연금이슈&동향분석』 59.

요코타 노부코(橫田伸子). 2020[2012]. 『한국 노동시장의 해부: 도시 하층과 비정규직 노동의 역사』. 그린비.

윤홍식. 2019a. 『한국 복지국가의 기원과 궤적 1: 자본주의로의 이행의 시작』. 사회평론아카데미.

윤홍식. 2019b. 『한국 복지국가의 기원과 궤적 2: 반공개발국가 복지체제의 형성, 1945년부터 1980년까지』. 사회평론아카데미.

윤홍식. 2019c. 『한국 복지국가의 기원과 궤적 3: 신자유주의와 복지국가, 1980년부터 2016년까지』. 사회평론아카데미.

이창곤 편. 2014. 『복지국가를 만든 사람들: 영국편』. 인간과복지.

정준호. 2020. 「한국 생산체제의 유산과 쟁점」. 윤홍식 엮음, 『우리는 복지국가로 간다』. pp. 54-83. 사회평론아카데미.

IFR. (2021). Robot density nearly doubled globally. Dec 14, 2021. https://ifr.org/ifr-press-releases/news/robot-density-nearly-doubled-globally

통계청. 2021. 「2021년 가계금융복지조사 결과」.

한국보건사회연구원 소득보장정책연구실. 2021. 『2021 빈곤통계연보』. 한국보건사회연구원.

Choo, H. J. 1992. "Income distribution and distributive equity in Korea." In L. Krause and F. Park, eds., Social Issues in Korea. Seoul: KDI.

Cockett, R. 1995. *Thinking the unthinkable: Think-tanks and the economic counter-revolution, 1931-1983.* London: Fontana Press.

Crafts, N. 1987. "Long-term unemployment in Britain in the 1930s." *Economic History Review* 40(3): 418-432.

Furceri, D., Loungani, P., Ostry, J., and Pizzuto, P., 2020. "Covid-19 Will Raise Inequality if Past Pandemics Are a Guide." CEPR Policy Portal, https://voxeu.org/print/65610.

IMF. 2021. Fiscal monitor database of country fiscal measures in response to the COVID-19 pandemic.

Kwack, S. Y. and Lee, Y. S. 2007. Income distribution of Korea in Historical and international prospects. Seoul: KDI.

OECD. 2022, Self-employment rate (indicator). doi: 10.1787/fb58715e-en (Accessed on 12 July 2022)

OECD. 2022. Social expenditure: Aggregated data. https://stats.oecd.org/Index.aspx?-DataSetCode=SOCX_AGG.

PBS. "Economist Ken Rogoff on whether the U.S. has ever experienced a crisis like this one." 2020년 3월 19일. https://www.pbs.org/newshour/show/economist-ken-rogoff-on-whether-the-u-s-has-ever-experienced-a-crisis-like-this-one

Sejersted, F. 2005. *Sosialdemokratiets tidsalder-Norge og Sverige I det 20. århundre.* Norge: Pax. (유창훈 역. 2015. 『사회민주주의의 시대: 북유럽 사회민주주의의 형성과 전개 1905~2000』. 글항아리.)

Thelen, K. 2014. *Varieties of liberalization and the new politics of social solidarity.* New York: Cambridge.

Wapshott, N. 2011. *Keynes Hayek: The clash that defined modern economics.* W. W. Norton & Company. W. W. Norton & Company. (김홍식 역. 2014. 『케인스 하이에크: 세계 경제와 정치 지형을 바군 세기의 대격돌』. 부키.)

Wapshott, N. 2021. *Samuelson vs. Friedman: The battle over the free market.* W. W. Norton & Company. (이가영 역. 2022. 『새뮤얼슨 vs 프리드먼: 시장의 자유를 둘러싼 18년의 대격돌』. 부키.)

찾아보기

출산 보조금 33, 44, 54, 88, 102, 103
출산수당 102
출생률 28

ㅌ

통합 자산조사 116
퇴직 75
퇴직연금 30, 33, 44, 94, 96, 102
투자 119

ㅍ

평화 154, 155

포괄성 30, 83, 85
포괄적인 보건 및 재활 서비스 131

ㅎ

행복 152, 154
행정 책임의 일원화 30, 83, 84
혁명 23
형평성 39
효율성 84
후견급여 45, 61, 88, 113
후견인위원회 19

엮은이, 옮긴이 및 보론 집필진 소개

김윤태는 고려대학교 공공정책대학 교수이다. 고려대학교와 케임브리지대학교 대학원을 졸업하고, 런던정경대학에서 사회학 박사학위를 취득했다. 국회 정책연구위원, 국회도서관장, 미국 컬럼비아대학교 객원연구원과 독일 베를린자유대학교 초빙교수를 역임했다. 주요 저서로 『한국의 재벌과 발전국가』, 『복지국가의 변화와 빈곤정책』, 『불평등이 문제다』, 『정치사회학』 등이 있다. 주요 연구 분야는 정치사회학, 국가 이론, 복지국가 등이다.

이혜경은 고려대학교 공공정책대학 강사이다. 고려대학교에서 사회학 박사학위를 취득했으며, 『꺼져가는 민주주의, 유혹하는 권위주의』, 『민주주의는 실패했는가?』, 『저항은 예술이다』, 『시민사회와 정치이론』 등을 번역했다. 주요 연구 분야는 정치사회학, 불평등, 민주주의 등이다.

장우혁은 고려대학교 공공정책연구소 초빙연구원이다. 고려대학교 법과대학 및 동 대학원을 졸업하고, 독일 베를린자유대학교에서 박사과정을 수료했다. 주요 연구 분야는 복지정책, 노인복지, 가족복지 등이다.

이정우는 경북대학교 경제통상학부 명예교수이다. 서울대학교 경제학과와 대학원을 졸업했으며, 미국 하버드대학교에서 경제학 박사학위를 받았다. 청와대 정책실장과 대통령자문 정책기획위원장, 한국장학재단 이사장을 역임했다. 주요 저서로 『불평등의 경제학』, 『약자를 위한 경제학』, 『불평등 한국, 복지국가를 꿈꾸다』(공저) 등이 있다. 주요 연구 분야는 불평등, 경제 민주주의, 비교 경제제도 등이다.

윤홍식은 인하대학교 사회복지학과 교수이다. 미국 워싱턴대학교에서 사회복지학으로 박사학위를 받았다. 한국사회정책학회장, 비판과 대안을 위한 사회복지학회장, 참여연대사회복지위원회 위원장을 역임했으며, 현재 정책 대안매체『소셜코리아』의 편집인으로 활동 중이다. 주요 저서로『한국 복지국가의 기원과 궤적』(전3권),『이상한 성공』, 편저로는『우리는 복지국가로 간다』,『안보개발국가를 넘어 평화복지국가로』,『평화복지국가』,『우리는 한배를 타고 있다』 등이 있고,『성공한 나라, 불안한 시민』 등 다수의 공저가 있다. 주요 연구 분야는 정치, 경제, 복지의 통합적 관점에서 바라본 복지국가의 현재와 역사이다.

베버리지 보고서
요람에서 무덤까지, 현대 복지국가의 탄생

2022년 11월 14일 초판 1쇄 펴냄
2024년 1월 15일 초판 2쇄 펴냄

지은이 윌리엄 베버리지
엮은이 김윤태
옮긴이 김윤태·이혜경·장우혁
보론 집필진 김윤태·이정우·윤홍식
편집 이소영·한소영·정용준·조유리
표지·본문 디자인 김진운
본문 조판 토비트
마케팅 최민규

펴낸이 윤철호
펴낸곳 (주)사회평론아카데미
등록번호 2013-000247(2013년 8월 23일)
전화 02-326-1545
팩스 02-326-1626
주소 03993 서울특별시 마포구 월드컵북로6길 56
이메일 academy@sapyoung.com
홈페이지 www.sapyoung.com